新潮新書

竹内一郎
TAKEUCHI Ichiro

ツキの波

363

新潮社

はじめに

勝負は時の運、という。毎年野球評論家が、セ・パ両リーグの順位を予想する。戦力分析や監督の采配力など、理にかなった解説を聞くことができる。だが、結果は必ずしもそうならない。むしろ、外れることの方が多いのではあるまいか。

科学的なデータはわかるが、選手の故障なども含めて「時の運」の方がわからないから予想があてにならないのである。ということは、相当な力の差がない限り、勝負にとって大切なのは「時の運」の方なのである。

もちろん運という言葉は、非合理的な概念である。だから、教養人は思案に入れない。それが合理的な態度である。

ところが、私が知っているかぎり、運という言葉を持っていない言語はない。何がしかの現象、傾向がこの世にあって、それを伝達しなくてはならない必要性があるから、その言葉は生まれ、世界中に定着していったのである。

本書では、運と呼んだりツキと呼んだりすることがあるが、同じ意味である。

時々、何がそんなに受けるのかわからないお笑い芸人がブームになったりする。私たちは、ツキがあるな、と感じる。やがて、彼のブームが去る。その頃、彼は芸を磨いて、ひねりの利いたギャグを考案したりする。だが、受けない。ツキがないな、と感じる。実力とも、努力の量とも比例しない成果――。ツキという言葉で説明するほかない現象である。

ツキとは、一体何なのか――。

私たちがツキを感じる局面を身近な例で説明してみる。私が電車に乗って、ある場所に行くとする。電車を乗り換えるとしよう。たまたま、電車の連絡がよくて、特急に乗れたりして、予定より十五分早く着いたりする。今日は運がいいな、と感じる。

ところが、電車の連絡が悪く、準急にしか乗れずに、挙句信号故障などがあって、予定より十五分遅れたりする。今日は運が悪いな、と感じる。

麻雀で〝バカツキ〟の状態がくるときがある。最初からいい牌《パイ》が並んでおり、さらに欲しい牌を次々にツモってくる。他の人は〝手がつけられない状態〟だと感じる。一方で、数時間麻雀をやっても箸にも棒にもかからないときがある。

私はツキがあるのだろうか――。それともないのだろうか――。私のツキはあるともないともいえない。ツキのある時と、ない時があるだけなのである。それも偶然そうなっているだけ。

人はツキを制御することはできない。だから、ツキに関しては、夏目漱石の次の言葉のように処すのが、理性的な方法だと考えている人が多いはずだ。

「運命は神の考えるものだ。人間は人間らしく働けばそれで結構だ」(『虞美人草』)

漱石は努力して結果が出せたから、それでもよい。しかし、一般人はなかなか割り切れない。何故、あの人にはツキがあって、私にはないのか、と。

水商売や営業職の人は、〝ツキの波〟のようなものをとりわけ強く感じながら、生きている方が多いのではあるまいか。

この本の結論にあたることだが、ツキと呼ばれる現象を風、人間を帆船に見立てるとわかりやすい。

帆船は風を支配することはできない。だが、風という現象はあるのだから、風を上手に利用することを考える。同じ風向き、同じ風速の風を使っても、船を速く進められる船長と、それができない船長がいる。

同じように、ツキを支配や制御することはできないが、現象はあるのだから、利用できないだろうか、と誰よりも深く考え、語り続けた作家がいる。麻雀小説で一時代を画し、雀聖（麻雀の神様）と呼ばれた、阿佐田哲也氏である。

本書の目的は、彼が生涯をかけて語り続けた「ツキ」というつかみどころのないものについて考えてみることである。私自身がそうであったように、人間観、世界観に関する大きな気付きが得られることと信じている。

（なお、本文中に頻出する阿佐田哲也氏については敬称を略した）

ツキの波——目次

はじめに　3

第3章　勝利は終末への第一歩　86

第4章　ヒットを打つよりフォームを固めよ　96

第5章　真理は市民社会の外にある　123

第6章　「運の達人」たちに学ぶ　149

終　章　世界は乱雑なまま肯定される　174

第1章　運の総量は一定である

ツキのフクロ

「人間、ツキのフクロの大きさは同じだ。勝ち過ぎれば必ずやぶける」――。

阿佐田哲也が生前、和田誠氏（イラストレーター）に語った言葉だ（『ちくま日本文学全集・色川武大』）。

芸能人や実業家がマスコミの寵児となり、梯子を二段飛ばし、三段飛ばしでのし上がり時の人になっていくことがある。ところが当人が天狗になってしまった辺りで、過去のスキャンダルが暴かれて、あっという間に転落してしまう。

阿佐田はそういう事象もひっくるめて、冒頭のことをいったと思う。

だが、彼の真意はもう少し深刻なところにあった。『うらおもて人生録』（本名の色川武大名義で発表）には、こんな文章が見える。

「名前を出してわるいいんだけれども、向田邦子さん、仕事に油が乗りきって書く物皆大当たり、人気絶頂、全勝街道を突っ走る勢いだった。それで、飛行機事故」

悲運の事故だった。向田さんが乗っていた飛行機は、台湾のマイナーな航空会社のもので、形も古かった。そういうこともあって惜しまれる死だった。

向田さんは、天賦の才能に支えられて、ヒット作を続けて発表しただけである。念のために申し添えておくが、遅咲きの方だから、天狗になるような方ではなかった。ご本人には非は何もない。だから、阿佐田もこう記している。

「向田さんはばくち打ちじゃないんだから、悲運の事故ということだ」（同前）

しかし、博奕をやりこんだ人間の目から見ると、「ただの悲運」には見えないということになる。向田さんは、ちょっと負け戦を混ぜておいた方がよかったかも知れない、と感じる。あるいは、勝ち続けているときには、「慎重に行動したほうがよい」と考える。何故か、野性の勘が訴えるのである。

博奕をやっている人同士だと伝わる感覚である。博奕は理屈ではないから、伝えにくい。市民の常識的な感覚だと、阿佐田の言葉は不謹慎に響くだろう。

「人が亡くなっているのに、運や負け戦などと、失礼ではないか」

そのような意見が聞こえてきそうだ。何しろ、合理的根拠のない言葉である。阿佐田は本当なら呑みこまなくてはならない言葉を吐いた。何故か――。彼にとって、本音だったということだ。

ツキを考え続けた男

私たちの身の回りには、ツキという言葉で理解するほかない現象が起こる。長い間生きていると、調子の良いときと、悪いときがある。作家や歌手が、ポンポンとヒットを連発する時期もあれば、いい作品を発表しているにも拘《かかわ》らずヒットに恵まれない時期もある。周囲を見渡せば、誰にでも思い当たることだ。

阿佐田哲也は「雀聖（麻雀の神様）」というニックネームを持つ作家で、『麻雀放浪記』などの麻雀小説で一時代を画した。日本の作家で、彼ほどツキ（運）のことを考え、繰り返し語った作家はいないだろう。

私は、「さいふうめい」の筆名で、『哲也　雀聖と呼ばれた男』という麻雀漫画の原案を七年半にわたって担当した（『週刊少年マガジン』掲載）。彼をモデルにしつつ、フィクションを加えて物語を拵えた。

このコミックは四十一巻続いたから長寿作品と言ってよいだろう。私は阿佐田作品を繰り返し読み、彼のツキに関する考え方を、誰よりも長い時間考えてきたろうと思う。

力道山の死を予言

阿佐田にとって、ツキに関する考え方は小説上の技巧だけではなかった。信念と呼んでよいものだった。
『週刊大衆』で阿佐田の担当編集者だった柳橋史氏はこう書いている。
「昭和三十八年の正月過ぎのことだった。（中略）今年死ぬ有名人、それも老年でなく五十歳以下の人でという賭けをやった」（『近代麻雀オリジナル』増刊『阿佐田哲也「雀聖追悼特集」』）
昭和三十八年はまだ小説家・阿佐田哲也誕生以前のことである。変名でチャンバラ小説などの娯楽読み物を書いていた不遇時代。

「なんと色川（筆者註・阿佐田）さんが『力道山』と言ったのである。理由は『屈託がなく昇りつめる人は折れやすい』という意味のことだったと思うが、その年十二月、本当に力道山はキャバレーで刺されて死亡するのである。さすがに気味悪がって、賭け金を出せとは言わなかった」（同前）

この言葉は、昭和三十八年に語ったことが大事なのである。彼はまだ三十四歳ぐらいで、成功した体験がない。世間をわたる上で、ツイた手ごたえを感じたことがない。それなのに、「人生上のツキ」まで、確信を持って語っているのである——。

そのツキに対する考え方は、彼の文名が上がるにつれ、作家、編集者仲間にかなり知られていった。

タモリはだいじょうぶ

阿佐田晩年のことだが、嵐山光三郎氏が、「タモリと一緒（に飛行機に乗るの）は危ないかな」と訊いたことがある。その頃のタモリさんは、飛ぶ鳥を落とす勢いだった。

阿佐田は、「だいじょうぶだと思う」と答えている。タモリさんは「なんとなく不充足な点があるから」と。水面下で屈託を抱えている感じがある、ということだろうか。

タモリさんのことを話したのは、阿佐田が五十代になってのことで、有名な作家になったあとのこと。小説のヒット作も出、文学賞をいくつも貰い、人生上でもツキに後押しされた経験があるから、「ツキとはこういうものか」と実感に基づいて肉声で語ることもできる。

一方で力道山の死を「予言」した三十四歳の阿佐田は、まだ自分がわかっていない人生上のツキを「こうではないか」と仮説を立て、そこに確信を持っていたのである。

若い時分に彼が自信を持てるのは、二十歳前後の博奕体験だけである。戦時中、旧制中学を放校になり、戦後は焼け跡の鉄火場で、麻雀を始めとする博奕に明け暮れた。博奕をやると、どうしてもツキのことを考えざるを得ない。

ツキには限度がある

ツキとは一体何なのか——。

阿佐田は、「博奕の中のツキ」をこういう風に考えられないだろうか、と仮説を立てる。ところがそこで留まらなかった。彼は「博奕の中のツキ」を考えた知恵で、「人間一般のツキ」を語り始める。随分荒っぽいが、自分の中で貫通するものがあったのだろう。人生上でツキに恵まれていない不遇時代に、すでに「人間一般のツキ」に対する確信が芽吹いている。その考え方は彼が六十歳で死ぬまで殆ど変わっていない。

十代で身に付けた鉄火場の知恵で、殆どぶれることなく一生を生きたのである。

彼は、代表作『麻雀放浪記』で、登場人物である最強の博奕打ち、ドサ健にこんな台詞を吐かせている。

「俺にゃァ自分の運の限度ってものがわかってる。年老《としよ》り臭えいいかただが、そうなんだ。だから限度まで運を使って勝ったら、その晩はさっさとやめちまうんだ」

彼の小説でツキと運は同じ意味である。

世間に目をやると、ツキに後押しされて人気の出た芸人や歌手、ベンチャー企業の経営者などの「ツキの袋」が破れた瞬間を、いくつか思い出す。ちょっと前に手仕舞っておけば、あんな大火傷を負うこともなかったろうに、と思ったりもする。

日本で人気が出たミュージシャンが、次のステップとして「海外進出」をぶち上げることがよくある。日本国内ではトップになった、次はアメリカで、というわけだ。当人には、「もし失敗しても、また国内で売ればいいんだから」というそれなりの冷静な計算もあるのかもしれない。

ところが多くの場合、この試みはうまくいかない。それどころか、不思議と国内の人気も下降してしまう、ということは珍しくない。限度を超えてしまったからではないか。

阿佐田哲也の経歴

一時期までは麻雀が男子大学生の「基礎教養」のような存在だったこともあった。その分野で、阿佐田哲也の名前を知らない者はいなかったと言ってもいい。

しかし、近頃は麻雀が出来ない人のほうが多いと聞く。だから私は『哲也　雀聖と呼ばれた男』を書く際には、麻雀のルールを知らない人でもストーリーがわかるように腐心したものである。

ここで若い読者のために、阿佐田哲也の紹介をしよう。

阿佐田哲也はペンネーム。麻雀をやって「朝だ、徹夜」がその由来というのが定説になっている（私は別の理由もあると思うが長くなるので省く）。『麻雀放浪記』『ドサ健ばくち地獄』などが代表作である。昭和四十年代に麻雀ブームを起こし、テレビの深夜番組などで対局の解説をやる。小島武夫氏、古川凱章氏などのプロ麻雀師を巻き込んで「麻雀新撰組」を結成、マスコミを賑わした。

『麻雀放浪記』は和田誠氏の脚本・監督で映画化されている。この映画はいくつかの賞を受けたが、阿佐田名義の小説では一つも賞を貰っていない。大衆小説というより娯楽読み物という扱いで、文学史上は無印の作家ということになる。

一方、本名の色川武大では、主に純文学を書いている。『黒い布』で中央公論新人賞。『怪しい来客簿』で泉鏡花文学賞。『離婚』で直木賞。『百』で川端康成文学賞。『狂人日記』で読売文学賞をそれぞれ受賞している。華々しい経歴である。

前者では、ベストセラーをいくつも出している。後者には、ベストセラーと呼べるほど売れた本は少ない。阿佐田名で「実」を取る。色川名で「名」を取る。二つの名前を足して、名実ともに揃う。

生まれたのは昭和四（一九二九）年。遠藤周作氏や吉行淳之介氏ら第三の新人とほぼ同世代だが、独立独歩の作家生活だった。

旧制中学時代に文学に目覚め同人誌を作る。戦時中だったため、時局にふさわしくないという理由で放校処分になる。戦後は数年麻雀を中心とした博奕に明け暮れ、小さな出版社で編集者の見習いのようなことをやる。やがて、後発の出版社が発行する娯楽雑誌に、チャンバラ小説のような読み物を書き始める。一方では、作家への思い捨てがたく、純文学系統の勉強会や同人誌に参加している。

三十二歳のときに、『黒い布』で中央公論新人賞を貰うが、その後は娯楽読み物のアルバイトも辞め、両親の家で仕事もせずにブラブラすることになる。

四十になって阿佐田哲也名で麻雀小説のブームを起こし、四十代半ばから色川名で純文学を書き始める。どちらの名前で書いても、人の一生をツキで見立てる人間観はまったくぶれていない。ナルコレプシー（瞬間睡眠症）という奇病があり、麻雀対局中に眠ったりすることが有名だった。

戦後（昭和二十年代）の第一次麻雀ブームにどっぷり漬かり、その頃の体験を下敷きにした『麻雀放浪記』で、昭和四十年代の第二次麻雀ブームを牽引《けんいん》している。その時代に麻雀に出会った私が、『週刊少年マガジン』で『哲也　雀聖と呼ばれた男』の原案を書くことになる。その『哲也』は、平成十年代の第三次麻雀ブームの火付け役だったから、「麻雀といえば阿佐田哲也」というイメージは強い。

平成元（一九八九）年に六十歳で他界。岩手県一関市で、心筋梗塞で倒れてから一週間後に亡くなっている。

運は一定

阿佐田は、人の一生をこんな風に見ていた。

〝人はこの世に生まれるとき、一定量の運を持っており、運と引き換えに金や名誉を得、運を使い尽くしたときに死を迎える〟

この場合は、「運」を「何かを得るために使われるエネルギー」と考えたほうがわかりやすい。何かを得るためには、それ相応の何かを失うはずだ――。

それを仮に運という言葉で呼んでみたのだ。

一億円の宝くじが当たるとする。それはただ儲かったのではない。一億円分の運を使っただけなのである。この世には損も得もない。何かと何かを交換しているだけなのだ。人の一生を、プラス・マイナス・ゼロと見立てるのである。これは科学でいう「エントロピーの法則」ともどこか似ている。

「素ッ堅気だろうと渡世人だろうと、この世には、ただ儲けってものはねえ。一膳の飯でも、銭出すか、誇りを捨てるか、大切な血を売るか、何かしなくちゃあ手にすることはできない。（中略）早い話が、一日生きたために、命がそれだけすり減ってる」（『次郎長放浪記』）

ここでは「命」という言葉になっているが、「生まれ持った運」の意味である。

彼は、おそらくこう考えたのだ。何かを得るために、運を失うならば、人は生まれつき、一定量の運を持っていなければならない、と。運を使い尽くしたときに死ぬならば、それで辻褄は合うのではないか、と。

幸運も不運も一生ではない

運は毎日一定量消費されるものではない。波がある。

「一人一人をじっくり眺めていくと、一生幸運だけの人も居ない。不運だけの人も居ない」（『阿佐田哲也の競輪教科書』）

人には、ツキがある時とない時がある。ツキは偏るのである。このことはどんなに非科学的と言われようとも、誰もが経験則で知っていることだ。阿佐田は、「上昇運」の時、「下降運」の時、という分け方をしている。

単純に言って、元気な時は十分に働ける。病気の時は働けない。自分の能力は変わらなくても、達成度は雲泥の差だ。病気でなくてもスランプの時はある。

メジャーリーグで、まるで機械のように安打を製造するイチロー選手にも調子の波はある。彼のスランプを「合理的」に説明しようとする解説者は、グリップの位置や、スタンスから分析しようとするが、実のところ、そんなことはイチロー自身、承知して調整をしている。それでも打てない時期がある。またジャストミートしても野手の正面を突くことが続く場合もある。下降運の時はあると考えたほうがよい。

これは市民の常識とは異なる考え方だ。市民の常識、と聞いて違和感があるのならば、

「学校で先生が教える常識」と言ってもよい。

私たちは、普通結果のよい時は、努力の成果が現れたと考える。結果が伴わない時は、努力が足りない、もっと努力しなくては、と考える傾向がある。

学校では先生が努力の大切さを説く。また、いい大人であるはずの識者までもが「努力すれば夢は叶う」といったメッセージを発する。

そうした意見を間違いだとは言わない。しかし、実際には努力と成果が必ずしも比例しないことを私たちは経験上、知っている。思うような成果が上がらない場合、そこで諦められる人はいいが、真面目な人ほど「私の努力が足りないのではないか」と頑張りすぎてしまうことがある。その頑張りは、時に無理を誘い、〝燃え尽き症候群〟を生んでしまう。

だが、ツキという考え方を導入してみる。すると、努力は確かに大事だけれど、ツキのある時にはよい結果が出て、ツキがない時には結果が出ないものなのだ、と思うことができる。

結果がいいからといって、それは自分だけの手柄ではない。ツキに後押しされただけのことだ。結果が伴わなくても、それは努力が足りないという理由だけではない。今はツキがないのだから、上昇運が来るまで我慢だな、と思える。闇雲に努力をしてパンクをするよりも、こういう心構えでいたほうがいいのではないか。

差し潮に乗る

阿佐田のツキに対する考え方は、特別なものでもない。

シェイクスピアの戯曲『ジュリアス・シーザー』にはこんな台詞がある。

「おおよそ人のなすことには潮時というものがある、一度その差し潮に乗じさえすれば幸運の渚に達しようが、乗りそこなったら最後、この世の船旅は災難つづき、浅瀬に突きこんだまま一生うごきがとれぬ。いわばその満潮の海に今われわれは浮んでいる、せっかくの差し潮、それに乗じなければ、賭けた船荷を失うばかりだ」（福田恆存訳・新潮文庫）

阿佐田の考え方とそれほど違わない。シェイクスピアがこの作品を書いたのは、一五九九年のことだから、西洋人も十六世紀には、同様の考え方を持っていたことになる。

余談ついでに、運のことを何故「ツキ」というのか、私なりの考えをここで話してみたい。実は、辞書にも的を射た解説はない。

ツキの語源には「月」が大きく関係していると思われる。月は上代では、「ツク」と発音されたらしく、「憑く」とも同音である。もちろん「付く」や「就く」であっても、私の話したいことは同じである。何かがプラスされるのである。

月には、満ち欠けがある。また、シェイクスピアも「潮」は、「ｔｉｄｅ」の語を使っており、潮の満ち引きが、月と関係が深いことは万有引力を知らない古代人でもわかる。自然現象が満ちたり欠けたりする状態は、特別なことではなく、力ない人間はそこに寄り添って生きようとするのが、素直な態度といえまいか。

全勝は無理なこと

端的にいって、上昇運の時はうまくいく、下降運の時はうまくいかない。

人は勝ったり、負けたりを繰り返すものだ。そういう大前提から考えると、全勝を目指すのは間違った戦略ということになる。

「本当に一目おかなければならない相手は、全勝に近い人じゃなくて相撲の成績でいうと、九勝六敗ぐらいの星をいつもあげている人なんだな」（『うらおもて人生録』）

別のところでは、八勝七敗でもいいといっている。

十五戦全勝をあまり続けていると、ツキのエンジンがオーバーヒートを起こしてしまいかねない、という考え方が冒頭の向田さんについての記述にもつながる。

合理主義者なら九勝六敗よりも、十五戦全勝の方がよいと考えるだろう。それはどう考えてもそうだ。それを説得する材料はない。

負け越しの次は八勝七敗あるいは九勝六敗くらいを繰り返して、カド番を続ける大関に世間は冷たい。魁皇や千代大海は素晴らしい、という声はあまり聞かない。

阿佐田もただ勝ち越せばいいといっているわけではない。

ここで少し博奕の例を引く。一日十レース競馬をやったとする。読みに自信のないレースが九レース、自信のあるレースが一レースあるとする。

ここで濃淡をつけるのだ。自信のないレースには百円賭ける。自信のあるレースには千円賭ける。必ずしも、読み通りの結果が出るとは限らないが、そもそも自分の勘にある程度の自信があるから競馬をやるのである。勘が当たったとしよう。百円のレースを九回外して、九百円の負け。千円のレースが、配当十倍として、一万円の勝ち。八千百円のプラスである。

わかったレースは、一つだけ。わからなかったレースは九つ。しかし、所持金は大幅プラスである。これが博奕でいう「濃淡をつける」という戦術である。

読みに自信がある時とない時で、賭ける額を変えていかなくてはならない。

相撲の例えでいくと、白星は誰を相手に勝っても一勝は一勝だから、勝ち越しが目標ということになってしまう。しかし現実の場面では、一勝にも軽重がある。だから場合によっては一勝九敗でもよいことになる。

ユニクロの経営で知られるファーストリテイリングの社長・柳井正氏に『一勝九敗』という著書がある。積極果敢に、全勝を目指して闘っても、新商品の戦績は一勝九敗なのである。だが、その一勝は九敗分の損失を補って余りあるのである。例えば、同社が若者の人気に火を付けたフリースは、メガヒット商品である。勝ち星は、そういう風に数えた方が合理的だともいえる。

小田島雄志東大名誉教授に聞いたのだが、阿佐田も晩年は「七勝八敗でも十分」といっていたらしい。負け越しでよい、というのはやはり「濃淡をつける」という考えが根底にあったと思しい。

「ばくちのワザのコツは出る引くを不徹底にしないことだ。勝てると思うときは徹底して出る。勝てないと思えるときは、絶対に出ない」（『新麻雀放浪記』）

博奕だけではなくて、仕事も同じと言いたいのである。

攻め時、守り時

この辺りの考え方は、博奕をやらなくても、サッカー観戦などをすれば納得できるのではないだろうか。攻める時は徹底して攻める。守りに入ったら、ガードを固くする。

上昇運の時は、強めにプッシュする。下降運の時は、無理な勝負は避ける。同じことである。上昇運の時は、自分が欲しいと思うものの中で、優先順位の高いものを目指す。下降運の時は、より優先順位の低いものに取り組む。

自分の欲しいものはよりたくさん取る。そうでないものを取れなくても、あれは仕方がなかったと諦める。そういう考え方を持っている人と、そうでない人とでは、人生全体では大きく差が開いてしまう。

若い秀才などを見ていると、全勝意識にとらわれ過ぎているように思う。もちろん、負けた経験がないからそうなるのだろうが、濃淡をつけるという感覚は磨いておいた方がいいのではなかろうか。

自民党のプリンスで、総理候補の一人だった、故・中川昭一元財務大臣は、連戦連勝の人生だった。死の直前、初の落選を経験している。その落ち込みようはいかばかりだったであろう。もちろん落選には「酔っぱらい会見」という本人のミスが絡んでいるが、一方で、どう頑張っても民主党に風が吹いているときには、良い結果は出なかったという考え方もできた。そう思えば「今回はツキがなかった」と割り切れたかもしれない。

大きな仕事をした人の評伝などを読むと、人生に一度や二度は大きな失策をしていることがわかる。全戦全勝の人というのもいるのだろうか――。

運の総量に差はない

人は、一体どのくらいの運を持って生まれてくるのか――。誰しも知りたいことだが、それは見えないから測ることができない。阿佐田の考え方には、もとより合理的根拠があるわけではない。しかし、個人差はあまり大きくないと考えていたようだ。

「同時代、同年齢で、ほぼ同じ生活環境で、優劣の差にどのくらいの巾があるものなんだろうなァ。俺の見たところでは、綜合的な能力差は、それほど無いように思うんだけれどもなァ」（『うらおもて人生録』）

大企業などを見ると、学校の勉強ができた方が随分有利に見える。医者や公務員など、給料の安定した仕事に就く人は高学歴者が多い。親が高学歴だと子も高学歴になる場合が多いことはデータでも証明されている。不平等ではないか、生まれ持った運の量はかなり違うのではないか、と反論したくなる人もいるだろう。

とはいっても、商売をやっている人は、学歴とは比例しない収入を得ている。また、歩合制の営業職などには、支店長や役員より稼いでいる一匹狼もいる。また、スポーツ選手や芸能人、芸術家などには学歴と無縁の成功者もいる。

そういうのは特殊なケースで、普通の人とは違う、という人もいるだろう。

阿佐田が「綜合的な」というのは、うまくいっていない殆どの人は、自分の眠っている能力を生かしきっていない、という意味もあるだろう。

傍から見ると向いていないのに、世間体がいいからという理由で銀行員になっている人がいる。こういう人は、無駄に運を使っている感じである。一方、事業で失敗してタクシーの運転手になり、そこで成功している人もいる。仕事には向き不向きがある。

個人を超える運

身体が弱く生まれてくる人もいる。重い障害を負っている人もいる。そういう場合については、どう考えるべきか。阿佐田は、個人を超えた運の総量という考え方で説明しようとする。

「人間はすくなくとも、三代か四代、そのくらいの長い時間をかけて造りあげるものだ、という気がしてならない。生まれてしまってから、矯正できるようなことは、たいしたことではない」（『ばれてもともと』所収「血の貯金、運の貯金」）

一族郎党、みな優秀で頑健な人ばかりという家は多くないだろう。能力も体力も、皆でこぼこしている。ハンデを持って生まれてくる人がいれば、家族や親族がその人を支えて暮らす。トータルで見れば、どこの家も似たり寄ったりということになろう。

また、仕事ばかりで子供の躾まで手が回らなければ、子の代、孫の代に、自分の失策が現れてくる可能性もある。もちろん、どこまでが自分の責任で、どこからが子供の責任かは、誰も決められない。だから、議論できるようなことではない。

こういう長いスパンの話は、若い人には伝わりにくいかもしれない。だが、周囲の知人を眺めて、祖父母、父母、本人、兄弟、子供、孫と見ていかないとわからないことがある。人は、三代か四代ぐらいかけてゆっくりと造られていくものだ、と私は少なくとも思う。

「貯蓄型の人生を送る人と、消費型の人生を送る人とあって、自分の努力がそのまま報いられない一生を送っても、それが運の貯蓄となるようだ。多くの人は運を貯蓄していって、どこかで消費型の男が現われて花を咲かせる」（同前）

もちろん花を咲かせるのは、男ばかりとは限らない。女の場合もある。それにしても、一代でできる努力は、知れている。本人は自分の努力で成功したと思っても、色んな人の運に支えられてのことに過ぎない。

これも証明のできることではない。阿佐田は「そう考えると、色んなことが納得しやすい」と思ったのだろう。納得がいかない、という人もいるのはわかる。それでは貯蓄型の人間はいい面の皮ではないか、と。しかしこのように考えたほうが、納得できることが多々あるのではなかろうか。そもそも人生は合理的なものではない。

民間伝承のレベルだが、障害を持って生まれる子を「福助」「福子」と呼ぶ習慣が日本にはあったようだ。実際に、私も子供の頃聞いた。その理由には諸説あるようだが、その子が一人で厄災を背負ってくれたために、他の家族が平穏に暮らしていけると考える説もある。だから、障害を持った子を「福を呼ぶ子供」と大切に育てた、と。真実はどうであれ、そう考えた祖先の知恵に、私は胸を打たれる。栄達した人を見ても、本人の努力とは思えないことも多い。そんな風に考えるならば、人が生まれ持ってくる運の量はそれほど違わない、といっていいだろう。

非市民社会の論理

博奕をやらない人には、こうした考え方が突飛に見えるかもしれない。

市民社会の持っている理想の人間観と少し異なるからである。先ほど述べた「市民の常識」「学校で先生が教える常識」に反するのだ。『うらおもて人生録』には次のような一節がある。

「学校の先生なんかは、どの生徒にも、ひとつの完全な人格を目標に指導していくだろうけどね。それにちがいはないにしても、最大公約数と君個人とはすべて一致しないからね。君は君で、自分にあてはめて、固有の作戦をたてなくちゃね」

この本は、阿佐田が劣等生向けに書いた応援歌である。何故、こんな本を彼は書いたのか——。

学校教育（とりわけ義務教育）が理想とする生徒は、学問が全教科満遍なくできて、スポーツができて、社会のルールを守って、相手の立場を尊重できる人物である。阿佐田がいうところの「完全な人格」である。

だから、先生の指導はこうなる。得意科目をより伸ばし、不得意科目を克服しよう。さらに、学問だけに偏ってはいけない。文武両道で、人格者であるとなおよろしい。

ところが、このような人間は殆ど生まれない。

大半はどこかしらに欠陥を抱えている。学問以外に、自分固有の作戦を立てて、世間に向かわなくてはならない。遊びや趣味を通じて、自分の長所・短所を吟味し、こういう仕事が自分に向いているのではないか、と探る必要がある。

学校は努力の尊さを教える場所である。努力したら、その分だけ向上することを体験する。問題はその後である。

前向きに生きること、ポジティブ・シンキングは大事だが、阿佐田は、人（とりわけ劣等生）には努力では克服できないこともあるから、それに合わせた戦術を考えよう、といっているのである。

少なくとも、下降運の時は過度にポジティブ・シンキングをしてはいけない。

小張り（張り額を下げること）にして、傷口をできるだけ小さく抑え、上昇運がくるまで我慢しなさい、と教えるのである。

欠点を守り育てる

私は阿佐田の考えに出会うまでは、欠点は克服すべきものだとばかり思っていた。しかし、克服できない欠点を持って生まれた人はどうすればいいのか——。

少し私自身のことを話すことにする。私は十代の後半神経症で苦しんでいる。神経症というのは、死ぬわけではないのに、死の恐怖にとらわれる病気である。

恐らく福岡県生まれの私が、神奈川県の高校に入り、学校に適応できなくなったことで、心のバランスが崩れて起こったものである。今の不登校児と同じ状態である。

もともと子供の頃から、閉所や加速度に反応して、時折パニックが起こる性質があった。映画館や飛行機などで突発的にくる。パニックがひどい時は死んだほうが楽だと思うほど辛い。今はパニック障害という医学的な病名があって、社会的に認知されつつあるが、四十年前は心療内科の看板を掲げている病院も少なかったし、医師の認識も低かった。自分としては「医者にもわからない状態」と判断するほかなかった。

こういう理由で、私には十代の頃から「会社勤めは無理」という結論があった。人生を選択するに当たって、きつい縛りだった。漠然と作家という目標を立てたが、当時はまだフリーライターという言葉も一般的ではなかったし、果たして自分でもなれるものか、心もとない状態だった。

「長所と同じように、欠点というものも、できれば十代の頃から意識的に守り育てていかないと、適当な欠点にもならないし、洗練された欠点にもならない」（『うらおもて人生録』）

私がこの本を読んだのは二十代の後半だったが、救われた気がした。私の二十代は肉体労働のアルバイト半分、フリーライター半分の生活だった。それでも年収は百万円を超えることはなく、家賃一万七千五百円の風呂なし四畳半の暮らしが三十歳まで続いた。

肉体労働をやりたくはなかったが、それのお陰で神経症が軽くなった。

三十代の終わり頃に、これも偶然だが鎮痛剤を飲んだ時、パニックが軽くなったことがあった。それを心療内科医に告げ、パニック障害ではないかということになり、精神安定剤を貰うようになった。結果的にパニックと上手に付き合えるようになった。二十年かけて、自分の欠点と折り合えるようになった。欠点を守り育てることができたのである。

『哲也　雀聖と呼ばれた男』がヒットするのはその数年後である。十代の後半から四十歳まで、私は出口のない下降運の中にいた。希望がなかった。精神が不安定だったから、人に踏み込まれたくなくて、よく攻撃的な言葉を吐いた。

市民社会の原則とは異なっていても、時間をかければ、活路を見出すことはできるともいえるし、私はたまたまツキがあっただけともいえる。


ここまでに述べてきた阿佐田の人間観は独自性が高い。市民社会の常識からはかけ離れているし、仏教、儒教、道教などのアジアの古典思想の影響もあまり見られない。自分一人で地ならしをし、丸太や板きれを集めて、掘っ立て小屋を作ったという印象である。阿佐田は、他人に学んで前述の人間観を拵えたのではない。麻雀をやりながら、気づいていったのである。

恐らくある時、麻雀も人間も同じなのではないか、と直感したのであろう。

彼の考えをより深く知るためには、どうしても麻雀の話は避けて通れない。次章では、その麻雀観を紹介することにする。

第2章　直感は考え抜いた末に出来上がる

運のやり取り

「麻雀を点棒のやりとりだとしか思えない人は永遠に弱者である。麻雀は運のやりとりなのだ。点棒の流通は誰の目にも見える。が、運の流通は見えにくい。だから多くの人が無視する」（『Aクラス麻雀』）

阿佐田哲也の運の考え方を紹介する時には、博奕、とりわけ麻雀の話から始めなければならない。皆さんに麻雀をお勧めしたいわけではない（もちろん面白い遊びなので、覚えて損はないと思うが）。彼が考える運理論の背景となっているのが、麻雀博奕だったからだ。

おそらく野球から同じような結論を導く人もいるだろうし、サラリーマンや商売人として仕事を勤め上げた結果、同じ人生観に辿り着いた人もいると思う。

この章で、麻雀を中心に述べるのは、阿佐田が、そこをベースにツキを考えていたからだ。ルールをご存知ないという方には、本来はぜひルールを覚えていただきたいと思うのだが、そうもいかないだろうから、以下、折に触れて簡単に解説を加える。

点棒は、ルーレットのチップのようなものである。わかりやすくいうとお金の代わりである。麻雀はスタート時、競技者四名がそれぞれ二万五千点を持ったところから始まる。手元の牌で「役」を完成させることで「和了《あが》り」となり他人の点棒を奪うことができる。「役」はポーカーでの「ワンペア」「ストレート」などと同じようなものだと思えばいい。

「あと一牌で和了り」の状態を「聴牌《テンパイ》」、聴牌を宣言することを「リーチ」という。このあたりは日常会話でもよく使われるからなんとなくお聞き覚えがあるだろう。パチンコ台での「リーチ」も、ここから来ている。

誰か、競争相手の一人が捨てた牌で和了れれば、点棒はその人から奪うことになる。

自分自身で牌を持ってきた（これがツモるということ）場合は、三人の他家（自分以外の打ち手）から点棒をいただくことになる。

「運は、原則的に誰にも同量ずつある。キミの運量を10と仮定すれば、相手だって10の運しかないのだ。皆、均等のチャンスを与えられて戦っている」（同前）

その通りならば、大差はつかないはずだ。運が等しいのに、一晩やると、大きく負け越してしまったりするのは何故か――。

「運を無駄使いしているからだ。運の活用の仕方を知らないのだ。最初、10と10の運が戦っている。相手との運の和がそれぞれ20だ。そのうちキミがなにかエラーをしたとする。または自分の運を2点だけ無駄使いしたとする。キミは10マイナス2の8点。すると同時に相手の運はプラス2されて12点となる。2点分のエラーで相手との運の比は8対12、つまりハンディ4を背負ったわけだ。8対12の運で相手と同じ打ち方をしていれば、不利になるはずである」（同前）

『Aクラス麻雀』は、昭和四十四（一九六九）年に『麻雀の推理――サラリーマン麻雀実戦訓』（双葉社）として出版されたものの焼き直しである。『麻雀の推理』は、日本最初の本格的麻雀戦術書だったから、麻雀ファンに受け入れられてブームになった。

ミスをするな

その後、ここで書かれた〝運理論〟は、サラリーマン・学生に広がっていった。また、その後に書いた『麻雀放浪記』『ドサ健ばくち地獄』などのヒット小説が出たお陰で、阿佐田は時代の寵児となり、〝運理論〟は、麻雀界では強い影響力を持つようになった。

しかし今、その戦術書の文章を冷静に読んでみる。

エラー、凡ミスを減らそう。危険牌を無茶な時に切ってはいけない。

結局、当たり前のことをいっているだけなのだ。一晩やると、エラーの多い人が結局負けてしまう、といっているに過ぎない。

それは当たり前ではないか。失策が多いチームは野球でも弱い。運は関係ないではないか、そんな声が聞こえてきそうだ。

では、麻雀に運は関係ないのか――。それについてはこんな独自の論理を述べている。

「一日二十四時間を4で割って、五時間ないし六時間、これがツキの一サイクルのよう

な気がする。むろんこれは基本であって、実際は、自分の不手際で、或いは相手の不手際や恵まれで、変動が早く来たり、伸びたり、甚だしいときには、変動期の処理如何《いかん》でもう一サイクル同じ状態が続いてしまったり、ということすらあるが、とにかく、五、六時間を一単位として変動期が来るように思える」(『ぎゃんぶる百華』)

この考え方が、第1章で紹介した「上昇運・下降運」に発展していくのである。

麻雀の腕が近い人、ＡＢＣＤの四人で対局すると、Ａがトップを取ったり、Ｂがとったりということになる。詰まるところ、その時々でツキに乗っている人が勝つ。

麻雀の場合、よほどの実力差があれば別だが、一晩ゲームをやると、ＡＢＣＤ誰にでも、一回ぐらいはツキに恵まれる時期が巡ってくる。囲碁や将棋は実力差があれば、十戦やって、〇勝十敗ということも珍しくないが、麻雀でそういうことは滅多にない。阿佐田の考え方は、何となく腑に落ちる。

麻雀プロの対局を見ていて、半荘(ゲームの一単位)一回どんなにうまく打っても、箸にも棒にもかからないということは珍しくない。短時間の勝負だと、ツキにまったく後押しされないこともある。

こんなことがあった。麻雀漫画の版元として有名な竹書房主催の大会でのこと。上級者の中に、「いつも負けている」という素人・Ｅさんが一人混ざった対局で、Ｅさんがダントツのトップを獲った。Ｅさんは「こんなことは生まれて初めて」といって、むしろ青ざめていた。

麻雀には、運を感じさせる要素は十分にある。だから、冒頭の阿佐田の考えに何となく説得されてしまうのである。そして、実際に凡ミスを減らし、大きな手を張っていいそうな相手との無謀な勝負は避けた方が、強くなることは確かである。だから、説得力があった。

偏りの存在

『麻雀の推理』が出た時、表だったプロ麻雀師はいなかったし、現在のようなプロ麻雀連盟もなかった。この本以降、「麻雀新撰組」が結成されて、麻雀文化人がマスコミに登場したり、著書を書いたりするようになっていったのである。

阿佐田が同書を出版した時代は、まだ運を荒っぽく語っても受け入れられる土壌があった。その後、井出洋介氏、金子正輝氏、青野滋氏などの俊英たちがプロ麻雀界に加わるようになって、運に対する考え方は整備されていくこととなる。

麻雀をやっていると、自分の欲しい牌を連続してツモってくることがある。そういう時は「ツキがある」と感じる。不要牌ばかりが続くと、「ツキがない」と感じる。それは人間ならではの実感である。

しかし、ツモってくる牌に、上昇運・下降運などない。イカサマをやれば別だが、フェアにやっている分には、誰かにだけ有利なことが続くはずはない。近年でいえば、全自動卓が勝手に山を積んで、対局者はアトランダムに届けられる牌を受け入れているだけである。運の入り込む余地はない。

ところが、不思議なくらいにいわゆる確率論では片付けられない状況が生まれることがある。ツキと呼ぶべき現象は確かにあるとしか思えない。

この点をどう考えればよいのか——。井出洋介氏は、東大出身のプロ麻雀師であり、極めて合理的な思考の持ち主である。私は井出氏とは十五年来の親友である。彼はツキの存在は認めない。そんな彼でも「偏り」はあるという。

ＡＢＣＤ四人が対局していると、Ａが好調な時、Ｂが好調な時があることは認めざるを得ない。井出氏もプロだから、単に確率論で片付けられないような局面もたくさん経験しているはず。だが、技術の入り込めない部分には、踏み込まないのが井出氏の流儀である。だからあえて「偏り」と捉えているのである。

井出氏は麻雀連盟を主宰しており、対局を仕事にしている。彼にしても、トップを取る対局、四着に沈む対局、日々さまざま経験している。

誰かに勢いがあって、ダントツのトップが確定してしまう対局では、彼も無駄な喧嘩はしない。一着と二着の差が、僅差で競る局面がある。こういう場合に、相手より深く考え、場を読み、一着をもぎ取ることで、一年の通算成績を上げる。

井出氏は、「トップをとる確率を高める」ことが目標だという。

流れとは何か

この「偏り」に関して、阿佐田は、牌に「流れ」のようなものがあると表現していた。

「（ツモ牌は）インチキでもしない限り、不特定の偶然の牌をツモるのであるから、バラバラに脈絡なく来るはずだと考えることもできる。しかし、実際には何の特徴もなしに、バラバラにくることの方がむしろ珍しいのだ。マンピンソウ（筆者註・萬子、筒子、索子という三種類の牌のこと）皆同数なのだから、同じように平均してくるはずだといっても、実戦ではそうならない」（『Aクラス麻雀』）

当時は斬新だったこの考えは、プロ麻雀師に受け入れられ、阿佐田の考えに沿って「牌の流れ」をどうやって読むか、という戦術書が後にたくさん書かれた。

私もかつて「牌の流れ」のようなものは大事に打っていた。今でも対局者の多くは「トイツ場」「一色場」などといったりする。3、4、5の並びではなくて、3、3、3など、同じ数字の面子（役を構成する単位）が増える場を「トイツ場」という。自分の手を同種の牌で染める人が多いと、「一色傾向の強い場だ」と感じる。その局は、全体の「流れ」を意識してしまう。その意味では、阿佐田教の信者であったが、近年はそんな気持ちは減っている。

かつては、手積みだったから、四人で卓上を掻きまわして無意識に牌を拾っても、何がしかの〝傾向〟が出てしまうものだと考えられていた。だが、全自動卓が定着し、牌に〝人間の無意識〟は入らなくなったのだから、〝流れ〟を考えることは意味がないと考える人が増えた。

プロ麻雀師にも若干ゲンを担ぐ人はいるが、〝流れ〟をいう人はあまりいないと思われる。阿佐田の呪縛から、プロ麻雀師も逃れられるようになった。配牌（最初に配られる手牌）やツモ牌に、ツキという概念が入らなくなるまでには、実は時間がかかったのだ。裏を返せば、それほど阿佐田の影響力は大きかったということだ。

しかし、それでは「ツキ」や「偏り」について完全に無視しているかというとそうではない。次項で解説するが、今はこうした現象を解釈するにあたって〝読み〟という概念を用いるのが主流だ。阿佐田流に変換するなら、読みのいい時が上昇運、悪い時が下降運である。確率論で考えられない〝バカツキ〟の状態は、多くのプロ（といっても競技で食べている人はいない）は基本的に論じない。論じても仕方がないことは、論じないことが合理的な態度だ。

直感に頼る

麻雀には、ツモ以外にも、運を感じさせる要素がある。「読み」がいい時と悪い時である。勘が冴えている時と冴えていない時といってもよい。

自分の手の中にある牌、どちらを捨てても和了る確率は論理的には大差ないというケースは多々ある。もしくは、相手がテンパイしている際、同じくらいに危険な牌があるというケース。勘が冴えているときには、どちらを捨てて、どちらを残すか間違えない。勘が冴えているときは「攻め」である。勘が外れ続けるときは「守り」である。気の持ちように「上昇運・下降運」の影響が出てくる。麻雀の戦術ではなくて、人間の自然な状態ともいえる。

勘が冴えている状態を、阿佐田はこんなふうに語っている。

「ツモった瞬間、いやだなあ、と思ったり、チクリ、と来たらその牌は絶対捨てません。そうでなければなんでも捨てます。麻雀は結局理くつではありませんよ。自分の手の中から捨てる牌は、チラとその理くつを考えるために放銃（筆者註・相手に振って、和了させてしまうこと）することがあるけれど、ツモ切りの牌では絶対打たない自信がありますね」（『Ａクラス麻雀』）

真面目な人がこの箇所を読んだら怒り出すかもしれない。麻雀の勝ち方を学ぼうとしたら、「チクリと来たら捨てるな」。これではオカルトと同じではないか。

しかし、麻雀のように不確定な要素の大きいゲームは、直感が勝負を分ける。自分の直感が信じられなくなったら、勝負には出られない。人は弱いもので、自分が信じられなくなると、理屈にもたれかかりたくなる。

しかし、理屈を軸にした打ち方をしていると弱者にしかなれない。なぜか。

理屈は自分だけでなく、誰もが知っていることである。皆にとって納得できる言葉で組み立てたもの、それが理屈である。

その理屈に基づいてばかり打つということは、言葉を換えれば平凡な手を打ってしまうことになる。必然的に、相手に読まれてしまうから、勝ち味がそれだけ薄くなる。

他人の失点が自分の得点になるタイプの競技ではなく、個人の成績のみを追求するタイプの競技であれば、理屈に基づいていてもよい。一番わかりやすいのは、学校の試験。Ａ君が百点を取ったら隣のＢ君が〇点になるということはない。

陸上の投擲競技や射撃のような競技もそういう性質のように思える。もちろん、その場ではそれぞれの駆け引きもあるのだろうが、基本的には自分が圧倒的な記録を出せば、それまでである。

一方で野球は自分のミスが相手の得点になる。だからバッテリーとバッターは腹の探り合いをすることになる。

直感について誤解があるといけないので少し補足しておく。ここでいう直感とは、別に「単なるその場限りの思いつき」「フィーリング」ではない。

直感というのは、「そのことを」誰よりも永く、深く、精神の限界まで考え続けて、虚無の底のような場所で、ホロッと「これかな」と思うアイデアであることが多い。もちろんそれでも外れることも多い。不安定な要素の多い中、外れることも承知の上で、「よしこれで勝負しよう」と自分の全身全霊を賭ける決意を得られる気付きのことを直感という。

「強さ」の不思議

これまでいくつかのプロ麻雀連盟ができては消えていった。その中で「最高位戦」という、ルールも地味で、比較的堅実に運営されている連盟がある。一年間のリーグ戦を戦い、上位三人が前年のタイトル・ホルダーに挑む。

過去三十四回開催されて、飯田正人氏が、十回タイトルを取っている（平成二十一年現在）。中でも、平成元（一九八九）年から平成四（一九九二）年までは、四回連続である。技術（読み）の力がほぼ互角の打ち手が四人闘えば、タイトルを取る確率は二五パーセントである。タイトル戦に残るような打ち手に実力差などそうあるはずもない。それで四年連続というのは、市民感覚の理屈だけでは、考えにくい部分がある。

これをあえて説明するならば、麻雀の強さという時、「読み」だけではない、言葉で表わしにくいまた別種の〝強さ〟があるとしかいえない。「引きの強さ」といったりもするが、これも合理的説明が付かない部分である。なぜその人が強いのか、その場にいる人しかわからない。言葉でも、対局中の写真でも、牌譜でも伝えられないものがある。

私は強い人には〝強い感じ〟というものが厳然としてあると思う。これはどうしても言語化できない。この感覚については、私が信頼している友人にも、賛同する人もいれば、反対の人もいる。

飯田氏は、全盛期には連続四回という偉業を達成したものの、この十年では四回だけである（それでも凄いのだが）。私と同世代の金子正輝氏も、気力体力が充実していた三十歳前後には、四年のうち三回タイトルをもぎ取っているが、平成になってからは一回のみである。

最高位戦の歴史を眺めながら、人には上昇運の時と下降運の時があると、考えてしまうのである。一般には、若い盛りにピークを迎えることが多い。

例えば、既に紹介したユニクロの柳井正氏や安藤忠雄氏（建築家）の写真を見ると、「この人は引きが強そうだ」と私は感じる。彼らが実際に麻雀が強いかどうか知らない。麻雀なら〝読み〟というべきだが、ビジネスの場合だと〝引き〟と表現した方がしっくりくる。いずれにしろ、私が伝えたい内容は同じである。

若いうちは突っ張る

全盛時代の飯田氏、金子氏の強さを、無理を承知で、あえて合理的に説明すると次のようになる。

「強い感じ」の人は、基本的に、少しでも高目（点数の高い役）を追求するのである。手順としては、他家の捨て牌から、それぞれの手牌の中にある牌を予測する。そこから、山の中に眠っている牌を予測する。自分が高目を追求するために必要な牌は山の中にあるはずだ、と考えるとそこに向かう。四分の一の確率で自分がツモれると信じられるのである。この確信を持っているのが「強い感じ」の人だ。

実はこの確信を持つのは意外と難しい。高目を追求すれば、自分の欲しい牌が山に眠っている可能性は低くなることが多い。自分に自信がなければ、和了れる確率が高くなるよう、安い手でまとめようとする。

タイトル戦ともなると、競技者は慎重になることが多い。だから、和了りの確率の高い安い手でまとめてみたくなるのが人情なのだ。

高目を追求すれば、基本的に和了りが遅くなる。早く聴牌をしている他家がいるから、〝突っ張る〟ことになる。他家の捨て牌、表情、手の動き、気配、それらを総合して、ロン牌の種類、手の大きさ（危険率）を推測する。自分が和了った時の〝配当額〟と、

〝危険率〟を、適宜算定しながら、〝突っ張る〟〝降りる〟を決定していく。

ここで的確に突っ張ることが出来た人が勝つ。平たく言えば〝対局観〟のいい人が大物手を和了る、ということになる。周囲が「終盤までがまんして、この牌をツモるか！」と驚く勝ち方になる。

その牌が山に眠っている可能性は誰もが考えられるのである。四分の一の確率でツモる可能性があるのも確かなのである。「強い感じ」の人は〝地雷〟を柔軟に避けつつ、突っ張れる。だが〝チクリ〟を感じると、気配を変えずに降りる。〝芯が強くて柔らかい〟と言えばいいか。

「強い感じ」を理屈で説明するとこういうことになる。

このように考えると、若い時分にピークを迎えることが多いということも説明はできる。高目を追求し続ける、他家のロン牌を推理する、他家の気配から手の大きさを測る、これらは気力、体力をものすごく消耗することなのである。体力勝負になると、若い方が有利だ。

将棋や囲碁でも、若い天才が出てくると、ベテランはタイトルをもぎ取られることが多い。この部分は誰にでも、思い当たることであろう。

自信は結果が生む

私にも合理的精神はある。だが、一方でそれだけで片付けられないものも感じている。タイトル戦に臨む人は、常に高目を追求して、他の競技者と同じ条件で闘い、ちょっとでも高い和了りを続けて、タイトル戦にたどり着いている。つまり、知力以外にも、気力、体力ともに優れているから、タイトル戦に臨んでいるのだ。

その場所で〝より高目〟が追求できる人は、より〝勝てる自信〟が強い人だという他ない。彼らにはなぜより強い自信があるのか――。実際に、そのやり方で勝てるからである。勝ってきたからである。

自信は、結果が生むものである。結果を出していない人に、自信を持ちなさい、といっても無理である。なぜ、人より強い自信が持てるのか――。

先ほど、〝対局観〟という言葉で説明をしてみた。この対局観は次の二つの能力である。ランダムにツモってくる牌に対する〝読み（勘）〟がいい。他家のロン牌、手の大きさに対する〝読み〟がいい。この能力を理屈で片付けるのは、難しいのではないか。

イチロー選手や羽生善治氏（棋士）は自信に満ちている。結果を残しているから自信がついてくる。彼らの自信は理解しやすい。能力や技術が抜きんでているから、結果が出せるのである。きっと、今の科学では、彼らの技術や能力をすべて合理的に説明することはできないようにも思う。だが、彼らが闘う相手も人間だから、私たちはオカルティックに感じることはない。

麻雀の場合は機械が積んだ山の中を読み合う、という不可思議な部分が入る。何が〝より高目〟を追求させるだけの〝自信〟を支えるのか——。タイトル戦に連続して勝つ人がいるのは何故なのか——。私が感じる〝強い感じ〟は、今の市民感覚でいうところの科学では、判じにくい部分もあるように思う。

たとえば、相撲の横綱や野球のホームラン王なら、体格も大きいし、〝オーラがすごい〟といっても、誰もが納得するのだが……。

阿佐田がいうところの〝チクリ〟をどう考えるか、という問題と似ているのだが、やはり最後の部分までは合理的には説明できない。

この合理的に説明できない、ということに不満を持つ読者もいるかもしれない。しかし、その性格そのものが〝チクリ〟の本質ともいえる。

勝てない人とは

繰り返しになるが、『麻雀の推理』が出版されたのは、昭和四十四（一九六九）年のこと。その原稿を「雀風子」のペンネームで、週刊大衆に連載したのは、昭和四十二（一九六七）年から昭和四十三（一九六八）年にかけてである。阿佐田はまだ三十八歳くらい。小説が書けず自宅で悶々としていた時代だ。

「出る・引くを徹底する」という感覚は、彼自身もまだ麻雀でしか知らなかったかもしれない。それでも、そのコツが人生一般にも当てはまりそうだ、と考えたのは阿佐田の直感に他ならない。

彼は、「勝てない性格」として、次の四つのタイプを挙げている。

「① **短気な人**。② **気の小さい人**。③ **常識一本槍の人**。④ **ひとつの考えにとらわれすぎる人**」（『Aクラス麻雀』）

麻雀をやる人なら頷けるはずだ。短気な人は、すぐにカッカして、思考が一本調子になる。手が悪いことがすぐにわかる。手のうちが相手に丸見えになってしまう。

気の小さい人も、相手にガツンと大きな手を和了られると、守勢に入ってしまうから、勝機が逃げてしまう。

常識一本槍の人は、凄味がないから、結局相手に見下されてしまう。先ほど述べた理屈だけで打つからだ。

ひとつの考えにとらわれすぎる人も、局面に合わせて変化ができないから、長期的には沈んでしまう運命である。

「麻雀は一人一国なのである。経営者であり、営業マンであり、事務屋であり、技術屋でなければならぬ。つまりその総合的な能力を要求されるのだ」（同前）

麻雀を社会に見立てたのである。掲載した雑誌が週刊大衆だったこともあり、サラリーマンにわかりやすい例えを使っているうちに、処世訓に近づいてしまった。鉄火場で身に付けた知恵を、市民に伝わる形にしようとして苦労したあとがうかがえる。

麻雀は、お互い相手の手が見えないから、心理戦の部分が重要になってくる。

「麻雀は戦争である。戦争であるからには負ければ破滅だ。是が非でも勝たねばならぬ。そう思い給え。勝っても負けてもどうでもよい麻雀なんて、第一面白くない。思ったか。――よろしい」（同前）

不確実な要素が膨大に横たわっている中での勝負だから、自信喪失が一番いけない。自分は強い、勝つのだ、と自己暗示をかけて臨むのである。こういうことは、最近発行されている麻雀戦術書にはあまり書かれないが、勝負事を前にした時、最も重要な教えである。ただし、ここまでならば、よくある自己暗示の勧めとも取れる。野球の投手が登板前にイメージトレーニングで相手から三振を取るシミュレーションをするという類のことである。

阿佐田らしさは、このあとに続く部分に顕著にあらわれている。

「しかしこれだけではまだ不十分だ。自分だけが思い込んでいるだけで、その裏打ちがない。裏打ちを作るにはどうするのか。相手にも催眠術をかけるのである。相手に敗戦思想を吹き込むのだ。――コイツはかなり手ごわいぞ。コイツとやって、いったい勝てるものかしら。そう、相手に思いこませるのである」（同前）

相手を心理の風下に立たせるのである。麻雀はポーカーと同じように、ブラフも戦術のうちである。どっちが降りるか、気合い比べになることもある。こちらのリーチには、降りて貰わなくてはならない。舐められてしまうと、こちらが大きな手で張っていても、突っ張られてしまう。

そのためにも、相手には「手ごわい奴だ」と思ってもらわなくてはならない。

勝つ人柄はつくれる

もう少し似た話を続けよう。『阿佐田哲也の麻雀秘伝帳』には、「〝勝つ人柄〟はつくれる」とある。

麻雀には人柄が出る。慎重でガードが固いタイプ、大きな手が進んでいるときは力みが出てくるタイプ、攻守のバランスを尊ぶタイプ……。プロでもない限り、気持ちの変化が表情やアクションに現れたりするものだ。

博奕に強い人といえば、ポーカー・フェイスが先ず思いつく。ポーカーの場合は、ブラフがものをいうので、喜怒哀楽が表情に出る人は強くなれない。

「マージャンの玄人がするフェイスはたんに無表情ではない。無表情は陰気で気持ちが悪い。気持ちが悪いやつは相手に嫌悪感を抱かせる。嫌悪感は疑惑につながる」（同前）

では、どんな表情が向いているのか。阿佐田は、大らかでニコニコした感じが「勝つ人柄」だという。

「あいつは、どんな手に振り込んでも、笑っている。スケールがでかいのか、回復できる自信があるのか」（同前）

そう思わせることである。相手はそれだけで当惑する。

私の漫画原作の教え子に、診療内科医の女性がいる。彼女はカウンセリングをする職業柄、つねに福々しく微笑んでいる。漫画の原作を考えて、煮詰まっているときも顔だけは福々しい。それだけで、只者ではないと思わせる。

彼女には、ニコニコするための生まれ持った素質もあったろう。だが、努力も相当に積んだのではあるまいか。博奕をやらせても強いのでは、と思わせるものがある。

漫画や映画では、ギャンブラーといえば苦みばしった二枚目が渋い顔をしているようなことが多い。実際にそういうタイプの強者もいないわけではないのだが、どうもそれは多数派には思えない。井出洋介氏、金子正輝氏も見た目は極めて柔和である。一見、とても勝負師には見えない。

麻雀を離れてみても、たとえば将棋の羽生善治氏や競馬の武豊氏。いずれも阿佐田のいうところの勝つ人柄に当てはまるような気がする。

勝負の降り方

麻雀が心理戦である以上、降りる時にもコツがある。

ある時、他の人からかなり強めのリーチがかかったとしよう。自分の手の進み具合から見て、突っ張るべきではないと判断した。だが、ベタオリはいけない。ベタオリというのは、簡単にいえば和了ることを完全に放棄して、ひたすら安全策を取る方針である。

「一度押してオリることである。受け太刀のままオリるのはまずい。オリたかどうか、サインを出すわけではないから、やむを得ずオリる場合も、相手にそう覚らせる必要はない」（『Aクラス麻雀』）

降りたという態度を見せてしまうと、他家がこちらに無警戒になってしまう。まだ、戦っているぞという気配は出し続けなくてはならない。その結果として、他の人が降りてくれたほうが何かと都合が良いのだ。また、迷った他家は、こちらへの振り込みを警戒して、本命のリーチに振り込んでしまわないとも限らない。

これが阿佐田いうところの「押してオリる」である。要するに勝負から逃げる際に、敵にバカ正直にそれを教える必要はない。そんなことをしても何の得もない、ということである。

これも今となっては当り前のことのようだが、日本に現れた一冊目の麻雀の戦術書としては、深いところまで考えられている。

彼は、別の個所で「死んで攻める」という戦法も解説している。

強いリーチをかけたAがいる。そのリーチに突っ張っているBがいる。そのゲームでは、AB二人が主役である。自分は勝機がないので脇役。そういう時は、脇役であることを意識せよ、と説く。

Aのリーチの和了り牌を、一四筒か二五筒だと読んだとしよう。リーチをかけたAが、一枚三筒を切っている。自分の手の中に、三筒が二枚ある。リーチへの安全牌が他にもあったとしても、阿佐田は三筒二枚落としを勧める。河に三枚の三筒が見えれば、突っ張っているBが、ワン・チャンスで、一筒や二筒を切ってこないとも限らない（麻雀を知らないとわかりにくいかもしれない。どうせ降りるなら、BがAの当たり牌を捨てるような伏線を張りなさい、ということである）。

もし自分のアシストのおかげで、BがAに振り込んでゲームが終了してくれれば、自分の手が悪くても、被害はゼロである。

自分に勝機がないのだから、一番いいのは、リーチに突っ張っているBが振り込んでくれることである。それが最善手だというのである。

最も困るのは、リーチの人にツモられることである。自分も点棒を払わなければならなくなる。これでは自分が振り込まなくても、ツモられ貧乏になってしまう。

自分の読みが外れれば仕方がないが、他家に振り込ませるために、自分は死んで、なおかつ点棒が減らないように「攻めて」いるのである。

麻雀には必ず勝つ方法はない。だが、阿佐田は「絶対に負けない法」はあると言っている。もちろん、どんな上級者でも負けることはあるので、「絶対に」という副詞には無理がある。

しかし、麻雀が心理戦である以上、腕が同じなら負けにくくなる条件はある。

「**情勢がまだわからないときは、ツカない人をまず作ることである。それが自分をツカせる原因になるのだ**」(同前)

誰かがビリになれば、自分がビリになることはない。麻雀に限らないが、ゲームはカツカしたり、ミスして消極的になったりすれば、その人がビリになる可能性が高い。

そのために、調子のいいAからリーチがかかった時には、卓全体に気配りが行っていないようなBが振り込んでしまいやすく仕向けるように自分の牌を切るのである。

Aに振り込んでしまえば、Bの戦術は消極的になってしまう。Bは自信喪失、勝てる局も落してしまう。ゲームは心理の風下に立ってしまうと、勝ち目は薄くなる。

下降運に入り込んでしまったが最後、ズブズブと沈んで行くのは、世の常人の習いで、誰もが心得ている〝真理〟である。

だから、麻雀のように、技術が全てを制しない心理戦が大事なゲームでは、「ツカない人をつくる」という〝必勝法〟ができてくる。

もちろん、自分が主役の時には、こんな細工はいらない。

卑怯に見えるかもしれないが、〝その部分もひっくるめたゲーム〟なのである。

ここのところ、市民社会の常識にとらわれている人には、理解しにくいかもしれない。「ツカない人をつくる」という戦法、お察しの通り、実は〝いじめ〟と同じ構造を持っている。非倫理的な側面が無きにしもあらず。とはいえ、博奕打ちは「だからいけないことだ」とは考えない。

なぜなら彼らはそうしたことも承知の上で卓についているからだ。もともとそういう性質を持ったゲームなのである。

プロ野球の日本シリーズのような短期決戦では、「逆シリーズ男」とでもいうべき選手を相手チームに作ることが肝要だといわれることがある。その選手によって攻撃の流れが止まるのだ。これは「ツカない人をつくる」という考え方と同じである。

落ち目の人を利用する

「落ち目の人の逆を行け、これはギャンブルの鉄則だ」（『ばいにんぶるーす』）

下降運にある人が、ギャンブルでずぶずぶと沈んでいくことは誰もが心得ている。彼の読みはことごとく裏目にでる。

ということは、丁半博奕やバカラなど、二者択一のゲームでは、下降運の人の逆に張れば、自分の頭も運も使うことなく、所持金は増えることになる。

『麻雀師渡世』にはこんな一節がある。競輪場でのことである。

「レースが終わるたびに、払い戻し場の横に行って、車券を誰と誰が当てたか観察し、その日ツイている人をまた尾行する。逆に、当たっていないでカッカとしている人の買う車券もよく調べて、その人が買った車券は落としてしまう。つまり、選手を検討するより、客のツキを検討して買うのである」

同種の教訓が『麻雀放浪記』ではこんな表現に変わる。

「奴は皆のツキと勘とを計算してよく見てるんだ。一番アツくて一番勘が鈍ってる奴等《やつら》の逆目へ張っていく。それも奴等の額に合わしてだ。決して自分の勘などを使っちゃいない。自然の理を生かす、ってさっきいってたが、それがそういうことなんだろう」

阿佐田の小説には、同様の趣向が何度となく出てくる。

私も実際に随分試してみた。カジノのバカラでは、ある程度〝効果〟はある。競輪の場合は、〝予想屋のツキ〟でやってみたことがある。ツキに見放された予想屋の逆張りをするのである。

ところが、これはあまり楽しくないことに気づいた。人のツキに乗っかると〝仕事〟をしている気分になってくるのである。

ギャンブルは自分流のスイングでバットを振って、ジャストミートする瞬間が最も気持ちいい。自分の直感を信じて賭けるから、〝遊び〟の感覚にもなれる。

ただし、遊びではない現実の場面では覚えておいてもいい方法である。

鉄火場のルール

阿佐田は、「市民の理」「自然の理」という言葉をまれに使う。「市民の理」のほうは、すでに述べた「市民の常識」のこと。

彼が「自然の理」というのは、鉄火場のルールである。市民社会のルールや倫理観が生まれる前の世界のルールといってよい。日本は、江戸時代から〝市民社会〟のようなものだから、戦国時代までの「食うか、食われるか」の世界観といってよいかもしれない。

市民社会は「市民の理」で運営されるべきだが、「自然の理」で育まれた知恵も必要になる。なぜなら、市民社会の歴史はどう長く見てもたかだか数百年。人類の歴史、生物の歴史のごくごく一部に過ぎない。

人生の不条理を嘆く人は多い。だが、人間は市民社会が生まれるずっと以前からいるのだから、市民感覚からみれば、そもそも不条理なものなのである。「市民の理」は普遍的に正しいというものでもない。単にそれが「正しい」という建前で社会を作りましょう、ということに皆で一応の合意をしただけである。

「市民の理」を理解していないと、現代社会で生きていくのは無理だろう。しかし、「市民の理」を盲信していては、また生きるうえで不都合がある。

たとえば国のいうことは正しい、というのは「市民の理」である。その建前に立たないと市民生活は成り立たない。しかし、それ以外の要素がふんだんにあることを忘れてはならない。

戦前日本政府は「満州には明るい未来が開かれており、チャンスに満ちている」という〝印象〟の宣伝をした。それを信じた私の一族は財産をすべて失い、敗戦後、着の身着のままで帰国した。私の祖母は死ぬまで「国のいうことだけは信用したらいかん」が口癖だった。年金制度や企業の終身雇用への不信感をいう向きは多いが、そもそも何か大きなものに、すべてを委ねるような考え方は危険なのである。諸行は無常――。憲法であっても、国家という枠組みであっても、長い年月の間には移り変わるものである。「信ずべし、信ずべからず」という身の処し方は、「自然の理」を生きることで身に付いてくる。

ツキを利用する

ツキはお天気と同じ、自然現象だから人間が支配することはできない。だから、そこに寄り添って、最大限利用することを考える。

「俺が今、待ち望んでいるものはたった一つだ。ツキの風が俺の方に向いてくるきっかけさ。一生ツキ続ける男はいない。一生ツカない男も居ない。誰にだって風の替り目がある。そのきっかけを確実にキャッチし、ツキを一杯に使う、それがギャンブラーの腕なんだ」（『ぼうふら漂遊記』所収「ヴェガスの朝の月」）

上昇運の到来を待って、出る・引くを徹底する他に方法がない。

上昇運と下降運の比率は、一対一ではないように、私には思えるのだ。

四人でやる麻雀でいうと、一人のピークは全体の四分の一ぐらいではあるまいか。だから阿佐田は、一日ゲームをやると、ピークは五、六時間だと書いた。

当たり前だといわれるだろうか。しかし私たちの多くは、自らのピークのほうにばかり目が向いてしまい、下降運がその三倍あることを忘れてしまう。

むろん相手は自然現象だから、杓子定規に考える必要はあるまい。しかし、おおかたの場合、上昇運一に対し、下降運三ないし四という比率で考えてよいように思う。

このことは肝に銘じたほうがいい。私たちは生きて行くうえで、たとえば自然現象を前にしたとき、想像以上の我慢を強いられることになる。ピークが人生の半分以上という人は滅多にいない。それは当り前のことだ。

博奕をやれば、自然に身につくことが、市民社会にいるとなかなか気付けない。

私は演出の仕事もしている関係で、よく役者志望の若者に、何年ぐらい下積みの勉強をすればものになりますか、と問われることがある。私は二十年ぐらいかな、と答えることにしている。若者はあっけにとられた顔をしている。それまで、下積みといえば大学入試の時に浪人した一年間ぐらいしか知らないのである。

役者に限らず、噺家、漫画家、作家、編集者、大工……どんな仕事でもいっぱしになるには、二十年ぐらいはかかるものだ。

社会人生活を四十年送るとして、ピークの時期があるのは普通十年ほどではあるまいか。ごく一部の天才を除けば、そう長くはない。

手塚治虫氏は〝漫画の神様〟として知られる。だが、彼が最も人気を取りたかった少年漫画で、連載雑誌でトップを取るような人気作品を創れたことが殆どないのだ。彼は膨大な数の少年漫画を描いているが、雑誌掲載時に人気一位をとり、ブームが作れたのは、『鉄腕アトム』と『ジャングル大帝』や『ブラック・ジャック』ぐらいではないか。

それ以外では常にスポ根マンガなどのほうが上位にあった。
手塚氏は生涯のほとんどを、熱血根性ものの後塵を拝しながら、コンプレックスの中で描き続けたのである。人気作家のように思われているが、自ら経営するアニメ会社の倒産などもあり、苦闘だらけの一生だったのである。

勝負を降りない

ただし、気をつけなくてはいけないのは下降運の時も、勝負を完全に降りてはいけないということだ。降り方にも良し悪しがあることはすでに述べた。土俵を降りてしまうと、ツキの風が自分に向いているかどうか、判断できなくなってしまう。
「私の考えでは、見《ケン》（筆者註・見送り）**は有利なしのぎ方ではない。最低単位をいつも張っているべきだと思う。何故ならば、自分に作用してくる風の微妙な変化が、カラオリではわからないからである」**（『麻雀狂時代』）
カラオリは、普通はベタオリといっている。ベタオリをすると、自分のツキの状態が痛みを伴って測れない。常に土俵の中にいて、たとえ小張りでも、「負け」の痛みを感じておく必要がある。

一昔も二昔も前に売れて、その後引退した役者が、何かの理由で復帰することがある。ほとんどの場合、よしておけばよかったという結果になる。本人は、本気で勝負しているつもりになっていても、時代の空気に合っていないことが多い。ベタオリ（この場合は引退）をすると、場の見切りが緩くなる。野性の勘が働かなくなってしまうのである。

これはサラリーマンでも思い当たることがあるのではないか。定年退職したかつての腕利き社員が何かの拍子で、現場に顔を出してアドバイスをする。間違ったことを言っているわけではないのに、現役の心に届かないことが多い。

自然体の厳しさ

「動物に楽しい日はない」

阿佐田は『ギャンブル党狼派』が双葉新書（双葉社）の新装版になったとき、扉にそう書き記している。市民社会には平和がある。安らかな休息を取ることもできる。しかし自然界の動物は、外敵から身を守るために、二十四時間気を張っていなければならない。

人の寿命は、農耕が始まる前の狩猟時代と比べると飛躍的に伸びている。食生活の変化や医学の進歩が最大の理由だが、一生のうち「ギリギリの緊張感を保っている時間の総和」は大きく違わないのではあるまいか。

「博打ってものは自然体が必要なんです。なにしろ破滅の可能性といつも向き合ってるんですからね。自然体のきびしさ、これで破滅を納得させるより仕方がないんです」

（『ヤバ市ヤバ町雀鬼伝』）

注目すべきは、ここでいう「自然体」という言葉の特異な使い方である。多くの場合「自然体」はリラックス状態、無理をしない状態のことを指す。ところがここでは「自然体のきびしさ」という。

つまり自然体を、しんどい状態という意味で使っている。麻雀漫画の原作をやっているため、街場の賭け麻雀で生活をしている若者と知り合うことがある。A君は、半荘を二回やって、一回トップをとるのが〝ノルマ〟だという。雀荘に払う場代もあるし、負ける日もあるから、勝てる日はそのくらい勝たないと生活できないという。相手もフリーで打っている人だから、ただの素人ではない。相当高い緊張感で日々を生きている。同じ金額を稼ぐなら、もっと割のいいアルバイトはいくらでもある。

野生動物と同じぐらいきつい状態が、〝自然体〟なのである。

ITバブルの頃、起業家の中には、労少なくして、巨利を得た人もいた。もちろんそれなりの苦労はしただろうが、得た富と比例するほどのものではない。その才を否定するものではないが、そんなことが可能なのは市民社会の制度に守られて、特別に〝有利な〟凌ぎ方ができたからである。自然界には、そんなにおいしい暮らしはない。

晩年の作品『新麻雀放浪記』には、こんな台詞が出てくる。

「**俺だって、いいとこ原点が目標じゃなかったさ。なんとか勝ちこもう、なんとか生き残ろうと思ってやってきたんだ**」

だが、この台詞を吐いた登場人物の場合、バランスシートは結局プラス・マイナス・ゼロになってしまう。そのうえでこう言う。

「**原点でいいじゃないか。それが生きるということだ**」（同前）

利益の大きなビジネスをしたからといって、生涯で見た場合、単純に得とはいえない。

だからこそ、〝原点〟を大切にするという気持ちが大切なのである。

主役と脇役

相撲の場合、幕下は横綱に真っ向から勝負しようとは思わないものだ。野球の場合も同じ。リトルリーグの選手はどう背伸びしても、プロ野球の選手に太刀打ちできない。

体力の差のように、戦力の違いが客観的にわかる場合は、無理な勝負を避けるものだ。しかし麻雀は、能力の違いが目に見える形で現れない。だから、初心者はベテランに勝ち目のない戦いを挑むことがある。

「四、五人居る子の一人が、連続していい目を出し、いわゆるバットが振り切れた状態のときには、他の子は大勝負を控えるべきだ。どうしても主役と脇役ができる。自分が主役になったときまで自重するのである」(『ぎゃんぶる百華』)

勝負ではその時々に、ツキに差ができる。勢いの差と言い換えても良い。麻雀でも、連続して大きい手を和了っている親のリーチに、喧嘩を売る子はあまりいない。

理屈で考えれば、麻雀は一局一局で勝負の区切りが付くのだから、前の局で親が大きい手で上がろうと、尻込みする必要はないはずである。

それでも麻雀をする人ならわかるはずだ。親がガンガン飛ばしているときは、子は暴風が吹き荒れるのをじっと耐えるほかない。あるいは、安手で和了って、場の流れを何とか変えようとする。

ツキや勢いは、客観的にその差を測定することができない。だからといって無視すると大けがをすることになる。

役者の演技を見ていても、似たようなことを感じる。ベテランと新人、同じような顔立ち、アクション、声量で演じても、リアリティが天と地ほど異なるものだ。何が違うのか、科学的には説明がつかない。今のところ、オーラと呼んだりしている。

テレビでバラエティを見ても、今がピークの芸人とピークを過ぎた芸人では、オーラの違いとしか言いようのないものを感じる。お互いが勢いの差を自覚しつつしゃべっているときはいいが、ずれたりすると痛々しい。

主役と脇役では、役割、身の処し方が違うものなのである。

ツキの燃焼

ツキは「何かを得るためのエネルギー」だから、阿佐田は、博奕でできるだけたくさん燃焼させようと考えていた節がある。

「（筆者註・博打をしているときは）運のみならず、活力みたいな、生命を燃焼させているときと思ったしね。不必要な燃焼の仕方ということも考えないではないけれど、ここで、運にしろ何にしろ、とにかく遣っていかなきゃだめだと思った。生きていく上で、余分なところというか、運の無駄遣いはよくないけど、運の遣い方を惜しんだら駄目だと思うんです。だから、とにかく攻めなきゃいかん。博打自体は守りでは成立しないんですよ」（『すばる』一九八六年二月号「最後の無頼漢」つかこうへい氏によるインタビュー）

ここで言っているのは、卓に向かったときに、集中力を限界まで高めるということだろう。

同じ勝負でも、スポーツの場合は力の限りがわかりやすい。野球の場合なら、一投一打に全身全霊を傾ければよい。

ところが麻雀の場合は、物理的な力を使うことがない。漫画なら、登場人物が力を込めて牌をツモり、牌を力任せに卓に叩きつける演出で、攻めている心理状態を表現する。

だが、実際の麻雀は、静かにツモり、静かに牌を捨てるだけである。実際にはものすごく力んでツモる人、大きな音を立てて牌を叩きつける人も珍しくはないが、それで結果が変わるわけではない。むしろマナーの悪い人は好かれないものだ。

阿佐田が言っているのは、闘志のことだと考えてもいい。集中力を途切れさせずに、攻めている気持ちである。

「やれるときは、身体が燃えているんだ。身体を冷やしてしまえば、もう駄目さ」（『新麻雀放浪記』）

体を燃やすのは、内なる闘志である。

博奕で勝って金を得るには、何かを失うはずである。だとしたら、気持ちを高めて、燃え、運を燃焼させてしまおう。その分が補塡に回ると考えれば帳尻は合うのではないか。そういう仕組みを考えたのである。

彼は二十代の編集小僧時代、ある作家の家に行くのに、電車を降りてから遠回りをしていくことがあった。理由を作家に訊かれて、頑張った分だけいい原稿が貰えそうな気がして、と答えたという。

このような考え方を非合理的と嗤《わら》うのは容易《たやす》い。私も十代、二十代の頃はわざわざ面倒なことをするタイプではなかった。しかしある程度人生経験を積んだ人であれば、頷けるところもあるのではなかろうか。

場の空気について

麻雀は四人でやるものだから、メンバーによって場の空気が変わる。これもやる人には何の違和感もないだろうが、論理では説明が付かない。

ジャズのセッションでも、メンバーが一人替わるだけで、全く違った曲に聴こえることもあるし、同じメンバーでもお客によって曲の雰囲気が変わる。バンドで大して重要とは思えなかったメンバーでも、脱退すると意外なほど全体のムードが変わるということは珍しくない。

麻雀で面白いのは、一人だけ秀でた人がいた場合に、必ずしもその人が勝つとは言えないことである。

「麻雀というゲームは四人のアンサンブルでやるのだから、Ａ級がいつもＡ級の麻雀を打てるとは限らないのである。ＡＡＣＣという四人でやると、まず、Ｃ級の内容の麻雀になってしまう。ＡＡＡＣだったらＡ級のペースになるが、ＡＢＢＣだとＢ級のペースで、しかもＡＢＢのどれが勝つかわからない。ＡＣＣＣだと、勝つのはＣのどれかになる」（『ばれてもともと』所収「一刀斎の麻雀」）

これも彼が経験の中で、感じてきたことだろう。そして麻雀経験者の多くの人が、思い当たる傾向である。もちろん、結果は必ずしもその通りにはならない。が、その場の雰囲気を作るのは多数派であることが多い。人数が足りないときに、仕方がないから初心者を呼んでくるということがある。本来はＡＡＢＢくらいのメンツでやる予定だったのが、ＡＢＢＣになるのだ。

こういう事態をＡの人は嫌がる。場が荒れるからだ。ＡＡＢＢならばＡが勝つ確率が高い。ところがＣが入ったことで、Ｂが勝つ確率が高まってしまう。Ｃが無防備に運を渡してしまうからだ。

自分が少数派にいるときは、何とかあがこうとするものだが、努力で解決できるようなものでもないようにも思う。

テレビのバラエティなども、ゲストはその場の空気を作るレギュラーメンバーのペースに合わせるものだ。もちろん、たまに番狂わせがあるから面白いのだが。

経営の傾いたメーカーに、銀行から役員が乗り込んでくることがある。傾いた会社は、社員を始め、経営者まで意識がC級だったりする（あくまでもその役員から見て、である）。新役員は意識改革を図ろうとするが、多くの場合は失敗する。

銀行員は、基本的に物を作るという経験がないというのも一因。もう一つは、自分がC級の輪の中に入り込んでいかない限り、バランスが保てない、という感覚を持てないことが多い。Ａクラスの役員には場の概念がない。そういう人に上から目線で押し付けられると、下の心は離れていくものだ。

第3章　勝利は終末への第一歩

前向きに生きない

阿佐田哲也は、基本的に博奕のことしか語っていない。エッセイや小説で人間観まで語るようになったのは、晩年の七、八年に過ぎない。

彼は博奕を語り、読者が「社会一般に通じるのではないか」と感じる。もちろん、本人にもその自覚はあったし、賛同する編集者や読者がいた。だが、社会一般に広く浸透するには至らなかった。

現在の市民社会では、ポジティブ・シンキングという考え方が一般に流通している。前向きに生きれば生きただけ自分も得をするし、周囲にもよい影響を及ぼすという価値観に支配されている。その根底には人間は常に成長をすべきであるし、社会は発展に向かっていくべきだという考えがある。

一方、ここまで述べてきた通り、阿佐田は、人の一生はプラス・マイナス・ゼロだという。人は破滅と背中合わせに生きている、という。だから社会の発展といったものにも懐疑的な見方を示す。

「誰かが、俺たちの生活が一変するようなものすごい発明をしたとするね。あ、人類にとって大きなプラスだ、科学の勝利だ、それはそのとおりなんだけれども、この勝利によって、その分だけ確実に、終末に近づいてもいるんだ」（『うらおもて人生録』）

二つの考え方を並べると、ポジティブ・シンキングの方が人を惹きつけやすい。社会の建前としては、前者のほうが機能的だ。会社の開発部門にいる人間が「我々が新技術を開発するたびに、破滅に向かっている」などと言い出してはちょっと具合が悪い。

しかし、私は阿佐田の直感に真実味を感じる。

「（博打は）マイナスのエネルギーだとは思ってはいたよ。博打そのものは生産しないわけだから。厳密に計算すれば、博打をやっている間の時間の無駄や体力の消耗なんか計算していくと、金額がふえたからといって、勝つとはいえないことになる」（『すばる』一九八六年二月号「最後の無頼漢」つかこうへい氏によるインタビュー）

博奕をやり続け、博奕について延々と考え、語ってきた人が、「博奕そのものは生産しない」という。儲かったからといって勝ちとはいえない、と。矛盾しているようにも思えるかもしれないが、これも博奕を人生の一部分と考え、より大きな視点でプラス・マイナスを捉えた結果だと考えれば合点がいくのではないか。

多くの人は、働くことを「マイナスのエネルギーだ」とは考えない。人は何かを作って売り、それを生活の糧とする。人が勤勉に働いて、富が蓄積すれば、社会は少しずつ発展し、より豊かな暮らしが手に入る。それを私たちは発展と考える。勝っても負けても、何も生産しない博奕とは、世界観の根本が異なるようにも思える。

博奕の起源

少し阿佐田から離れて、博奕というものについて考えてみる。

この世に何故博奕が生まれたのだろう。その答えは知る由もない。ドイツの賭博研究家、ジークハルトがいうように、人類と共に発生しているのだろう。「占いから分かれた遊び」という通説には従っても良いとも思う。

人間が最終的に求める能力は、永遠の命と予知能力ではあるまいか。前者はエジプトの王たち以降、数多くの権力者や科学者が、挑戦したものの見果てぬ夢である。後者は、古代シャーマンの仕事だった。シャーマン、すなわち共同体最高の知識人の仕事が未来予知である。

凶作か、豊作か――。どちらに逃げれば、攻めてくる強大な勢力から逃れられるか――。共同体の存続を賭けて、シャーマンは未来予知に挑む。

古代中国の場合は、亀の甲羅を火であぶり、そのひび割れの具合が未来を示す〝バーコード〟になっていると考えていたようだ。そのバーコードを読み取る人がシャーマンである。

シャーマンは世界的に見ても女であることが多い。私はフィリピンの少数民族の伝統芸能を、しばらくの間かなり真面目に調査したことがある。少数民族の間ではアミニズムはまだ健在で、男性のシャーマンはルソン島北部のイフガオ族のみ。それ以外のシャーマンは全て女性だという。それも初潮前後の女性がシャーマンになる。現地の文化人類学者に訊くと、概ね二つの答えが返ってきた。

① 初潮前後の女性は、自然現象そのものに最も近いから、自然界の大きな流れを感じる力が強い。

② 初潮前後の女性には欲が最も少ない。その後は、男や金などの欲が生まれてき、判断が狂う。

どちらも科学的な根拠はない。初潮前後の直感が正しいかどうかもわからない。しかし、女性が月の満ち欠けとともに波を持ち、恐らく自然現象の変化に繊細に反応しながら生きていることは確かである。古代人が、何がしかの根拠を感じたから、そうなったのであろう。

②に関しては頷ける部分もある。ゲーテがこういっている。「直感は欺かない。判断が欺くのだ」

相手が自然現象の時は、直感が最も大事で、余計な判断を加えてはいけない。

占いと博奕

太古、占いの力は、共同体を維持する上で最も重要な能力だった。占いが向き合う相手は、基本的に不確定性が高い自然現象である。

博奕はそこから分かれた遊びだといわれている。さいころを転がして、次に何の目が出るか――。神のみぞ知る。しかし、そこに切り込むのがシャーマンであり博奕打ちだ。

博奕を前にしたとき、人は自然(偶然)の脅威に晒される。国家や市民社会という安全圏を作る前の人間と同じ状態を強いられる。

必然的に、博奕で生計を立てようと思えば、古代人と同じ世界観を持たざるを得ない。不安定この上ない。だが、それがもともとの人間の姿なのだ。紀田順一郎氏は『日本のギャンブル』で次のように解説している。

「ホイジンガーは、ギリシャ語のディケー(正義・法)の語源が、その動詞のディケルン(賭ける)であり、また英語・オランダ語のロット(運命)が同じ綴りのロット(くじ)と不可分な関係にある、と指摘している」

法、賭け、運命、くじ、と四つの言葉を並べてみると、阿佐田の考え方に、それほど無理があるようには思えない。彼は、博奕の世界を描きながら、その核になる部分では、自然の脅威ともろに向き合った、力ない人間の足掻《あが》きを描いただけなのかもしれない。
「もともと人間の考える理《ことわり》というものと無関係に、自然は自然界の理によって動いているので、人間の考える理は必死でその後を追いかけているだけだ」（「引越貧乏」同名書所収）
自然と人間、本来の力関係はそうなっている。私たちは、自然に寄り添い、自然の力を最大限利用することで、やっと生を支えている。帆船をイメージするとわかりやすい。帆船は、風がなければ前に進めない。
「どちらかというと、にっちもさっちもいかない状態の方が、本来の人間の状態のように思えるんだな」（『うらおもて人生録』）

結局は焼け跡に戻る

例えば、日本の未来を人はどうイメージするのだろう。このまま繁栄が続き、機能的な高層ビルが建ち並び、時速数百キロで走る乗り物で移動する世界であり続けるのだろうか？

それよりも何万年か経ったときには、かつて栄えたインカ帝国やモンゴル帝国の現在のように、のどかな暮らしを大事にする国になっている、そう考えた方が、私は心が落ち着く。

最後は、そういう世界に行き着くんだろうな、と。私と同感の人も相当数いるのではなかろうか。

阿佐田がこういうプラス・マイナス・ゼロの世界観を述べていたのは、まだ皆が右肩上がりの社会を信じていた頃である。なぜあの時期に、このような考え方を持てたのか。

「俺たち、戦争を知ってるからね。見渡すかぎり焼け跡で、ああ、地面というものは、泥なんだな、と思ったんだね。（中略）だからね、戦争が終わって、また家が建ち並んで、人間がうろうろするようになったけれども、これは何か普通じゃない。ご破算で願いましては、という声がおこると、いっぺんに無くなっちゃって、またもとの泥に戻る」（『うらおもて人生録』）

東京大空襲で焼け跡になった東京に佇んで、十六歳の阿佐田は、人間が何を作っても、結局はここに戻ってしまう、と独り決めしてしまったのである。ここが尋常ならざるところである。多くの人は、そこから次々家が建つ様を見て、復興を感じた。そして社会の発展を信じた。ところが、阿佐田は焼け野原のほうを原点だと考えたのである。これまではたまたま盛りを迎えていただけなのだ、と。

二百六十年の天下泰平の眠りから目覚めて、明治維新で富国強兵、戦争で清、ロシアを倒して、欧米列強の仲間入りをしようとしたら、結局はガツンと国ごと砕かれてしまった——。日本の大都市が焼け野原になったのは、〝盛り〟を迎えたからといえなくもない。

たとえば、同じアジア人でも、フィリピンの山奥で文明と隔絶されて生きていた部族は、第二次世界大戦があったことさえ知らずに過ごしている。彼らは、盛りもなかった代わりに、ツキのフクロが破れたこともない。

市民の常識では、「盛り」に向かって努力することを善とする。もちろん何か目標に向かって努力し、突っ走ることは悪いことではない。

しかし一方で自らの原点はどこなのか、盛りに向かうべきなのか、ということを考えてもいいのではないか。

このような考え方はロハスやスローライフといった言葉がはやる現代のほうが受け止められやすいだろう。博奕で培った世界観で、人間や文明を眺めた結果として、阿佐田はこのような考え方を持つようになった。

第4章　ヒットを打つよりフォームを固めよ

三つの〝掟〟

阿佐田哲也の麻雀理論を、毎日新聞の記者が面白いと思ったのだろう。『毎日新聞日曜版』に、劣等生向けの応援エッセイを書かないか、と依頼したと思しい。

それをまとめたのが、ここまでに何度も引用した『うらおもて人生録』である。記者は、阿佐田が博奕で培った哲学は、処世術にも応用がきくと考えた。彼の基本的な処世法が、中学生にでもわかるような平易な言葉でまとめられている。

阿佐田が、博奕で身に付けた〝掟〟は大きく三つある。

先ず、第一。「**何もかもうまくいくことはない**」

例えば、文武両道で人間性も素晴らしいという人物が、必ずしも総理大臣になるわけではない。人生という観点から見れば、誰しもどこかで負けを喫しているのである。仮に司法試験にトップで合格し、最高裁判所の長官に登りつめた人であっても、恋に破れたりしたこともあるだろう。

市民生活の中だけでも、全勝はできない。

加えて、私たちは運に左右されながら生きている。ということは、何もかもは、うまくいかないのが人間なのである。

したがって、何もかもうまくいくようにしよう、というのはそもそも間違った作戦ということになる。これは先述の「九勝六敗」の話と共通している。

通信簿でオール5を取って、性格面も評価されて、目の前にある競争には競り勝って……、という作戦は、気構えとしてはいいが、人間の実相に合っていないといえる。

気力は決め手にならず

次は二つ目。「上位戦に進めば進むほど気力は決め手にならない」

気力で頑張る――。短期間なら、それでも結果が出せることがある。例えば、大学入試など。

サッカーの例で説明しよう。日本の場合、J1、J2と二つのプロリーグがある。選手はそれぞれ、自分の能力に合ったリーグでプレーしている。J1の中でも飛びぬけると、ヨーロッパ等のリーグに参戦する。J2の選手が、一試合だけ、気力で普段の二割増しぐらいの力を出せるかもしれない。その試合ではJ1の選手に匹敵する活躍をする。だが、シーズン通してとなると、自分の力の平均値であるJ2が定位置になる。

それはどんな職に就いても同じである。就職試験で頑張って、実力以上のいい会社に就職できても、職場で無能の烙印を押されると、定年までの四十年が針の筵《むしろ》になってしまう。

結局、短期間しか発揮できない気力は決め手にならない、ということだ。

ゴールは見えない

三つ目は、「**人生はゴールが見えないほど長い**」。

マラソンなら、四二・一九五キロ先にあるゴールに向かって走ればよい。だが、人生には、幾多の上昇運・下降運が待ち構えている。加えて、下降運がいつ終わるのか誰にもわからない。今の日本経済と同じ、出口のない闘いを続けなくてはならない。

仮に総理大臣になっても、〝アガリ〟にはならない。その後、疑獄事件などが発覚し、刑事被告人のまま一生を終えたら、〝勝った〟という気持ちにはなれないのではあるまいか。ここ数年の何代かの総理大臣を見ていても、トータルで見たときにプラスの人生かどうか、傍目には疑問である。

死ぬまでわからない。いや、子供、孫、それ以外の友人関係なども勘案すれば、死んでもまだ勝負が決まったとはいえない。

人生は、いつ果てるともしれない、永い闘いなのである。それを覚悟せよ、というのだ。若者相手に随分シビアな話をしていたものだ、と思われるかもしれない。もちろん、そんなに暗いトーンで話しているわけではなく、そこかしこにユーモアも交えているので暗い印象はない。

そして、こうした三つの原則を元に、一つのアドバイスをしている。それは「**自分固**

有のフォームを身に付けよ」というものだ。フォームとは何か。

ヒットよりもフォームが大事

長く不況が続いている現在は少し事情が違うのだろうが、つい最近まで、せっかく就職したのに入社三年ほどで辞める若者が多いことが話題になっていた。それぞれ個人的事情、人生設計、夢があってのことかもしれないが、どんな仕事に就いても、二、三年だけ調子がよくて、後が続かないというのでは困る。だからといって、気合や根性が彼らに足りないと責めても仕方があるまい。気力だけで好調は持続できないのだから。ではどうすべきか。

「少しでも長く、一生に近い間、バランスをとってその道で食わなくちゃいけない」(同前)のだから、自分固有のフォームを身に付けなくてはならないという。このフォームの説明をするにあたって、阿佐田は、王貞治選手の一本足打法を例にとる。

「王選手かてヒットは三本に一本や。そのフォームを大事にしとりゃ、三割打てるんや。今、当りが出とらんいうてフォームを変えたらいかん。大事なのはヒットやない。フォ

ームや」（『ばくち打ちの子守唄』）

阿佐田は、広島カープの白石監督が使った王攻略法を紹介している。絶頂時の王選手は手の打ちようがない相手であった。そこで白石監督が考えたのが、王シフトという奇策である。

左打者の王選手はほとんど引っ張るので、打球はライト方向に飛ぶ。そこで白石監督は、外野手を全員ライト側に寄せた。これで右中間に抜ける打球も捕ることができる。もちろん王選手には球に当てて流し打つ技術は十分にある。流し打ちをすれば、簡単にヒットが稼げる。

ところが、王シフトに対して、王選手は引っ張り続けた。一見、この選択は損に見えるが、そうではない。後に、白石監督はこう語ったという。

「当分、レフトへ打たれてもいい。（中略）流し打ちをすればフォームが崩れるだろう。いったんフォームが崩れると直すには時間がかかる。だから王シフトは、実は、王選手の打撃フォームを崩すのが狙いでした」（『うらおもて人生録』）

王選手は目先のヒットよりも、フォームを維持することを選んだ。そのことで敵の術中におちいらずに済んだのである。

スポーツなどの場合は、フォームが見える形になりやすい。だから、阿佐田も、王選手の例を引いたのである。

さてこのフォームの話は、一般人の私たちにどのように応用して考えるべきか。

たとえば、売り上げの高い営業マンやセールスレディを見ていても、自分流のフォームがある。

トップセールスマンから経営コンサルタントに転身した藤本篤志氏は、著書の中でトップセールスマンとダメなセールスマンの差について述べている（『御社の営業がダメな理由』）。

ダメなセールスマンは、月末の締めに入る頃にノルマ達成のために追い込みをかけて、それで何とか目標をクリアする。それ以外のときは二〇パーセント程度の力で働いていて、追い込みの時期にだけ、猛烈に働く。そのときだけは火事場の馬鹿力を使う。つまり、気力を使うのである。瞬間風速ではトップセールスマンをもしのぐ営業量をこなす。

一方、トップセールスマンは、常に六〇パーセントくらいの力を発揮するようにしている。それで月の半ばにはノルマを達成してしまっている。それでもツキがなかったり、調子が悪かったり、本人としては不本意な成績のときもある。そういうときには時折、自分のペースで鞭を入れて営業量を増やす。少しだけ営業量を増やすのだ。こうして自ら調整をしていき、最終的には平均の二倍、三倍の成績をコンスタントにあげていく。

トップセールスマンはただがむしゃらに働くのではなく、自分のペースで働くというのだ。このペースが、フォームにあたる。自分流のフォームを持っていると、このペースが守れるともいえる。

フォームはどうやって作られるか——。阿佐田は「自分で手縫いで作る」（『うらおもて人生録』）といっているが、私なりの方法を記す。

私たちには、能力、性格、見た目……、無限の要素がある。子どもの頃から夥しい失敗を繰り返し、痛い目に遭って、「これは無理」「これなら何とかなるかも」という嗅覚を働かせて生きてきたはずだ。

シンプルにいうと、フォームは成功と失敗の積み重ねの中から発酵してくる。

たとえ転職をしても、「こういう関わり方なら自分のフォームが生かせる」というスタンスを持つことは重要だ。
「**フォームというのは、これだけをきちんと守っていれば、いつも六分四分で有利な条件を自分のものにできる、そう自分で信じることができるもの**」（同前）
フォームに自信がないと、下降運の時に動揺して、自分が揺れてしまう。下降運の時期というのは、人にもよるが、気が遠くなるほど長いものだ。
「勝負は、たとえどんな種目の勝負であっても、この級（筆者註・トップレベル）になるとポイントは、我慢だ。たとえば、二十四時間の勝負があるとする。（中略）勝負が本当についてしまうのは、最後の三十分、いや、十五分くらいのところなのである。（中略）だから、延々何十時間になろうとも、打ちはじめたときと同じフォームで、同じ神経で打てる奴が勝者になる」（『麻雀狂時代』）
私の考えだが、フォームは自分のツキを測定するモノサシである。モノサシを変えると、測定を誤りやすいものだ。自分がスランプに陥ったとき、その原因が単に下降運なのか、そもそもフォーム自体に問題があるのか、迷うことになる。

人生のトータル

さて、仕事のことを論じてきたが、運は人生トータルで見るべきものである。仕事は大事だが、仕事だけで成功すればいいのか。それで生まれたプラスはマイナスを生むのではないか。そんな疑問が当然わいてくるだろう。

仕事は成功したが、そのために健康を害した。投資で大儲けをしたが、人間的には問題の多い人になった。これは阿佐田流のツキという基準で考えると〝勝ち〟にはならない。だからこう説明する。

「**自分の人生すべてを、なにもかも含めて、六分四分のうち、六分の利をとっていくというのでなければ、運の制御（自在にコントロールすること）をしたことにならない**」

（『うらおもて人生録』）

六分をとって、四分を捨てる。何かを選べば、他の何かを捨てざるを得ない。彼の「九勝六敗説」はここから生まれたのである。

「一目おかなければならない相手は、全勝に近い人じゃなくて相撲の成績でいうと、九勝六敗ぐらいの星をいつもあげている人なんだな」（同前）

九勝六敗といっても、親の七光などで、コンスタントに勝ち続けることではない。ホームだけでなく、アウェイもひっくるめて、色んな条件にさらされながら、結果的に勝ち越しならよしとする。私の場合、書く仕事はホームである。ある程度計算できる。だが、人前でしゃべる仕事は、ちょっと苦手でアウェイという気がする。それでも年の功で何とか対応し、〝勝ったり負けたり〟の繰り返しという感じだ。仕事だから、得意不得意を両方こなして、平均点以上が目標になる。

私は勤めが無理な身体だったので、フリーランサーを選んだ。それで身を置いたのが演劇や漫画の世界だった。フリーランサーがたくさんいる世界には、勤めができない人がたくさんいることに気付いて、少し気持ちが楽になった。

安定した収入を得るには、勤めを持った方が有利だ。フリーランサーは不安定だから生きていくうえでは不利である。そんなことは誰でも知っていること。

だが、勤めをやると、精神が病んだり、身体が不調を訴えたり、自分にとってもっと悪い状態が起きてしまう。自分の内なるセンサーが、「やめた方がいい」と信号を送るのである。結果的には自らの意志でフリーランサーになるよりも、悪い結果になってしまうかもしれない。それならば他人に引導を渡される前に、自分でやっていける道を選択したほうが、有利に事を運べるはずだ。そう考えた。

得失を総合的に考える癖を身につけておくと、大きく負けないのである。

単純な得はない

物事には単純な得もなければ、単純な損もない。何かを得れば、応分の何かを失う。楽して儲かる仕事はないかと、周りを見渡しても、そんな仕事はないように思える。一方で都合のよい部分があれば、他方に不都合が生じる。

「**独立しては生きにくい。安全を求めれば仮の姿でしか生きられない**」（『麻雀放浪記』）

それは博奕打ちも同じ――。

「危険性のある面白い麻雀で生きようとすれば、その日暮しになる。金になる麻雀を打とうと思えば、自分の気質を殺して全くの男芸者と化さねばならぬ」（同前）

たとえば、プロ麻雀師といっても、殆どは、麻雀クラブの〝メンバー〟として働いている。お客に適度に楽しんで貰い、また来店してくれるような麻雀を打つのが仕事である。無頼な麻雀を打っていると、店から追い出しを食う。
こういうことは、あまりわかりやすく説明することでもない。
阿佐田もこういっている。
「誰でもすぐ納得するようなことを書いたってしようがない。そんなことはたいがい、なんらかの意味で不正確だ」（『うらおもて人生録』）
簡単に実践できて誰でも成功できるというような話は、あまり信用しない方がいい。たとえば、お布施をすれば幸せになれるとか、これを飲めば簡単に痩せられるとか——。
「人生の万象（さまざまの形）はいずれも、ちょいとむずかしい。なぜなら、真実というものはすべて、二律背反（相反する二面）の濃い塊りになっているからだ」（同前）
私も、この世は二律背反によって成り立っていると考えている。だが、当今は、なかなか受け入れて貰えない。頑張ったら頑張っただけ得をする、というポジティブ・シンキングの呪縛が強力すぎるのかもしれない。白か黒か、デジタル的な思考が蔓延していると、この曖昧さは理解されがたい。しかし、真実というものは「ちょいとむずかしい」のである。

この「二律背反」は、阿佐田の思考を知るうえでの重要なキーワードなので、後でもう一度触れる。

淀まず、あわてず、後戻りせず

阿佐田は、戦時中に旧制中学を放校になり、戦後鉄火場に足を踏み入れる。もちろん、博奕で生きるなど、そんな過酷な暮らしが続くはずがない。二十歳を過ぎたあたりで撤退である。

小さな出版社で、編集の見習いを始める。気持ちの一部には、作家になりたいという希望もあったろう。しかし、学歴というハンデがあったから、自分流の作戦を立てざるを得なかった。

彼は、自分に三つのルールを課したという。

「① 一カ所で淀まない」

「② ゆっくりと一段ずつ、あわてないで」

「③ しかし後戻りだけはしない」

①に関して。これは先ほどの「三年で辞める」ことを推奨しているように見えるかもしれないが、そうではない。いきなり大企業に入れる人は、人事異動などがあるから、本人が意図しなくとも色んな空気を吸うことができる。しかし、小さくて、発展しない理由がいくつもあるような会社にしか入れない人もいる。そこで淀んでしまえば、気持ちもすすけてくる。淀んではいけない。そういう意味である。

私の場合は若い頃、小さな会社をアルバイトで転々とし、色んな仕事観、世界観があることを知った。世界が広がった。また、新しい環境に適応しなくてはならないから、色々と工夫しなくてはならない。考え方が固定しなくて済んだ。

私は升田幸三という棋士が好きで、彼の「新手一生」という言葉を大事にしている。常に新手を考えたい。他の人が誰も手を付けていないことをやりたい。

例えば、漫画では解決された問題が、芝居では手付かずということがある。また、逆の場合もある。ジャンルを跨って、技法の実験をしてみると、意外に新しいことができたりする。それも、淀まないという考えをもとに、あちこちに首を突っ込んで生きてきたお陰である。

②と③の考え方の根っこは同じである。得失を総合的に認識するには、慌ててはいけない。気持ちに余裕がなくなると、エラーが出やすい。取り返し可能なエラーなら何度してもいいが、挽回できないようなものでは困る。

「人生は所詮、いいとこ原点だが、それ以下の人生はたくさんあるからな」（『新麻雀放浪記』）

優等生の弱点

『うらおもて人生録』は、基本的には劣等生向けの応援歌だが、優等生向けのアドバイスも含まれている。

「君たち（筆者註・優等生）**だって、弱点があるよ。それは、負けなれてない、ということだ」**

欠点に長所が含まれているように、長所にも欠点が含まれている。

勝ちしか知らない人は、全勝意識にとらわれがちになる。下降運に入ると、無駄な力みが出たりする。

負け方を知らない、ということは大きな欠点だ。阿佐田は、優等生には、ためしに小さく負けてごらん、とアドバイスする。

わざと負けてみるなんて、と思うかもしれない。しかし実は武道では当たり前に行われていることだ。柔道では最初に受け身を覚える。負けたときに怪我をしないために、受け身を学ぶのである。

小さく負けてみて、受け身を知らないと怪我をする、ということを実感する必要がある。

優等生の中には、三十代まで十五戦全勝という人生を生きる人もいる。だが、十六戦目に土がついて、受け身を知らないばかりに、一生が台無しになるような人もいる。

安倍晋三元総理大臣はどうだっただろう。二世議員として選挙では連戦連勝。若くして官房長官や幹事長などの職も歴任した。その勢いで総理大臣まで一気に駆け上ったが、体調の不良で辞任してしまう。きちんと身体の問題を説明して休息を取れば何も辞めなくても済んだかもしれないのに、なぜか突っ張った。身体の不調を言い訳にしたくない、と考えたか、弱みを見せたくなかったのか。いずれにせよ小さな負けを嫌がったために、大きな怪我をしてしまった感がある。
全勝意識は一見問題なさそうに見えるが、その中にも大きな欠点が潜んでいるということだ。

「怪我につながる負けはいけない。怪我につながる勝ちもいけない」（同前）

この場合の怪我は、取り返しのつかないエラーのことだ。とはいっても、私は、人生において取り返しのつかないエラーなど、凶悪犯罪にでも手を染めない限り、それほど多くはないと思う。

「俺はね。世の中とうまく折り合いをつけて、スムーズに栄えていく人を見ると、あ、そんなに小さな勝ち星にばかりこだわっていいのかな、大きなところのバランスシートにも神経を使わないと、ご破算になるぜ。なんて思うんだね」（同前）

私の場合、就活や婚活に縁のない暮らしをしてきた。だから、世の中との折り合いを考えようともしなかった。うまく世渡りをしている人を見ると、嫉妬心もないではないが、ちょっと待てよと思ったりする。

自分の欠点に重心を置く生き方もあるように思うのだ。欠点というのは、自分のフォームを考える上で、避けて通れない部分でもある。だからこそ第1章で引いたように、「欠点というものも、できれば十代の頃から意識的に守り育てていかないと、適当な欠点にもならないし、洗練された欠点にもならない」のである。

ここで大切なのは、欠点を全面的に肯定せよという意味に捉えてはならないということ。欠点を意識することは必要だが、負け慣れをしてしまうと、自信がなくなってしまう。何でもいいから、先ずは一つ極《き》め球を持つことだ。オールラウンドである必要はない。

二番手は強い

もともと多くの人は全勝を目指してもすぐに挫折するのが普通である。それなのに、ついつい負けたそばから、またすぐに勝とうとしてしまう。もしかすると普段目にする憧れの対象や小説の主人公たちの勝率が高すぎるのかもしれない。

普通のヒーロー物の場合、トップランナーが主役になる。戦隊物だと、レッドが中心人物となる。創作の場合はそれでいいし、そうでなければ商売にならない。問題はそこを普通の人が目指すことだ。

最初からトップを目指して結果的に二番手になるのと、最初から二番手を意識するのとは少しわけが違う。欠点を意識する、というのは明らかに後者に近い。

『ヤバ市ヤバ町雀鬼伝』は、二番手走者のオレンプという人物を主役に据えた小説である。バレーボールでいうなら、アタッカーでなくて、トスを上げるセッターを主人公にした感じ。私は、こんなこしらえの小説をほかに知らない。山場がなくて、まどろっこしい。もちろんヒットはしなかった。

「オレンプのような存在は安泰です。彼はいつもトップにおどり出ませんから。二番手がいいんです。（中略）オレンプが必死になるのは、三番手に落ちる危険性があるときだけです」

二番手走者は、強烈に人を惹きつけたりしない。だから、ブームを巻き起こすこともない。だが、地力があるから、誰もが一目おく。少し古いが、小松政男さんとかてんぷくトリオ時代の伊東四朗さんとか。ちょっとやそっとで崩れないフォームを持っている人たち――。

世の中には、番狂わせが起こることもある。トップランナーは、栄光から滑り落ちることもあるが、二番手は安泰だったりする。最近のお笑い芸人でいうと、土田晃之さんや有田哲平さん（くりぃむしちゅー）などは、今のバラエティ番組の好二番手という印象だ。どの番組が終わっても、必ず他に出番を持っている。

阿佐田は、その二番手のすごさにスポットライトを当てて、小説を物したのだが、娯楽小説としては当然地味なものになる。正直なところ、ファンの私にもあまり面白くなかった。

彼が二番手に目を付けたのは、恐らく競輪に打ち込んだからである。阿佐田は競輪好きで知られている。『阿佐田哲也の競輪教科書』という著書もあるし、競輪関係のエッセイは数知れず。

競輪では、ライン（集団）の二番手走者を「番手」と呼ぶ。一番手の「先行」に風圧を受けてもらい、終盤まで力を残しておく選手のことだ。

もちろん、「番手」の選手はスターになりにくい。ファンを魅了するのは、ぶっちぎりの「先行」か、一番後ろから全員を抜き去ってしまう「捲《まく》り」である。

競輪をやってみないと、わかりにくい「番手」の面白さに、阿佐田は注目したのである。

スケールを大きくする

毎年、年末には競輪界の総決算ともいうべき「ＫＥＩＲＩＮグランプリ」が開催されるが、数年前までメインレースの前に「阿佐田哲也杯」と呼ばれるレースが行われていた。

阿佐田の著作では、例えの中にも競輪の話がよく顔をのぞかせる。

たとえば、「実直、勤勉。これは小勝ちだな」といい、「スケール。この点で評価されると、大勝ちに通じることが多いようだね」とここまでは、他の人でもいうだろう。

スケールを大きくするためには「まず、誠意だ。これが正攻法だ」といい、そのためには、競輪選手に例えると、集団の一番前で風圧をもろに受ける「逃げ」をやりなさい、という。

「逃げは苦しくて、他の選手に利用されるばかりで、ばかばかしいけれど、自分の力の限界を知るまでは、一生懸命に逃げる。それが将来の格をきめることになるわけなんだ

ね」(『うらおもて人生録』)

競輪選手の場合、若くて脚力のある選手が、逃げをやるケースが多い。若い頃、きちんと逃げを務めた選手がベテランになって、番手になったときに、周囲の信頼が厚くなっている。その人への信頼が核になって、強いラインが形成される。

不器用に見えても、若い頃は、行けるところまで行く方がよい。その頑張りは後半戦になったときに必ず生きる。競輪選手の盛衰を三十年近く見てきた結論を、そんな風に述べているのである。

極め球を二つ持つ

阿佐田の考えの中で、とりわけ私が意識しているのは「極め球」を二つ以上身につけよ、ということ。これについては、人生論ではなく色川武大名義の純文学作品に興味深いフレーズがある。

「雑婚」という短編小説の一節である。母親は働き者で、二重三重の苦労を背負って生きている。その娘は、美貌の持ち主でスタイルもよい。男(主人公)を自分の身体の魅力で安直に惹き付けようとする。男が娘にいう台詞だ。

「君の極め球はすばらしいよ。しかしその極め球を単純に使いすぎる。どんなにすばらしくたって、それだけじゃ相手がミートしてくるからね。喰われちまうだけだ。もうひとつ、別の極め球を持ちたまえ」（『恐婚』所収「雑婚」）

野球の例えだから、多くの人が理解しやすい。ストレートの速い投手は、それが極め球といえるが、威力のある変化球をもう一種類持っていないと、相手に狙われてしまう。速い球だけの投手は、勝ち星に恵まれないものだ。

「お母さんはすごいよ。極め球が二つ以上ある。（中略）すくなくとも自分の生活が奇形になるほどの苦しい球を身につけて武器にしてる」（同前）

阿佐田哲也、色川武大、二つの名前を実際に使い分けて、そのどちらも極め球にした人がいっているから、リアリティがある。彼の作家生活は実質二十年である。決して長いほうではない。しかし、その間に、膨大に遊び、盛大に人と交流し、約七十冊の本を書いている。

「生活が奇形になるほどの苦しい球」という感覚は肉声だろう。

私が竹内一郎、さいふうめい、二つの名前を使っているのは、もろにこの影響である。若い人から、漫画原作と芝居をどうやって両立させるのですかと問われることがある。当人には両立させている、というほど余裕はない。三途の川のすぐ傍を行きつ戻りつしているだけである。

お化けのように曖昧に生きる

最近は、作家と名乗っても、フリーランサーと名乗っても、実際は同じようなものだったりする。いずれにしても、生活の保障もない、実力だけの世界である。

「フリーランサーとして走り続けるには、ズバ抜けて巧いか、或いはユニークな書き手であるか、どちらかです。それと同じ理屈で、喰い殺されないために、類型的になってはならないのです。比較的たやすくなれる位置は、他人にたやすく奪われる位置でもあります」（『ギャンブル人生論』）

今なら誰もが理解できる文章だが、阿佐田がこれを書いたのは一九八〇年のことである。まだ、フリーランサーという言葉に市民権がなかった頃のことだ。

最近の若者には、「自分固有の個性とは何か」と考えて前に進めなくなっている人も多いようだ。私は自分の内側を見つめても、何も答えは出てこないと思う。

演出家の立場で役者を見ていると、よくも一人の役者がこんなに色んな種類の人間に化けられるものだな、と驚く。ではそのような器用な役者に個性がないかといえば、そんなことはない。ロバート・デ・ニーロを無個性だという人はいないだろう。そう考えると、個性というものは、様々な役をやっているうちに、プロデューサーや演出家が、勝手に見立てるものなのではないか、と思えることがある。

阿佐田は、自分の流儀をこう記す。

「矛盾しているようですが、どこにも固定せず、お化けのように曖昧に生きることが、天与の才に恵まれない者の生を定着させうる唯一の手段だというふうに思えてなりません」（同前）

この頃、直木賞は貰っているが、色川武大の名前で純文学に復帰して、まだ二年ぐらいしか経っていない。自分が「才に恵まれない」者の立場で書いている。

どんな仕事でも同じだと思うが、「あの人からはあれしか出てこない」という底を割った感じがあると、周囲の興味が離れていく。若い人の場合は、伸びシロのない感じを見せてしまうと、見切られてしまう。

文学賞などでの選考基準は、その作品単体の完成度もさることながら、将来性、「伸びシロ」のほうに力点を置いていることが多い。

阿佐田が、フリーランサーとして生き残ったのは、子供の頃、親に溺愛に近い愛情を与えられたこと、その後、鉄火場で誰にも愛されない状態を迎えたことの二つが、ポイントであったとしている。振幅の大きさが、武器になったということか——。

「二つとも、残念ながら私個人の力ではありません」(同前)

与えられた材料を自分流に加工して、何とかやりくりしているだけなのだ、という呟きが聞こえる。

第5章　真理は市民社会の外にある

非言語情報と自然の理

市民社会は、法や倫理感で規制された社会である。ところが、阿佐田流の「鉄火場のルール」を考えていくうちに、規制されていない部分の何と多いことか、と気付かされる。私の実感で言うと、規制されていない隙間の方が圧倒的に大きいのである。

少し私の得意フィールドで解説を試みてみる。アフリカに「一人の老人が死ぬことは、一つの図書館がなくなることと同じ」という諺がある。老人は、一生の間に一冊の本も読んでいなくても、目で見て、鼻で嗅ぎ、手で触り、耳で聞き、舌で味わった、膨大な情報（非言語情報）を蓄積してきたのである。

たとえば、目の前に一個のリンゴがある。リンゴを見たことのない人に、言葉でそれを伝えようとしても、恐らく本一冊分の情報を伝えても、リンゴ特有の甘酸っぱさ、皮の触感、果芯の形状など、「大事なことは何も伝わらない」という感覚にとらわれるだろう。

そう考えると、老人が一生をかけて、集めた非言語情報は、図書館一棟分に匹敵するとも言えるのである。ところが、市民社会は言語化するのが難しいこと、議論の対象になりにくい、まどろっこしいものは「とりあえず考えない」という世界観を持ってしまった。

理由は、活版印刷技術の発展である。印刷技術があまりに便利な方法だったために、非言語情報のようなまどろっこしいものは、隅に追いやった方が、色んなことが効率的に処理できるようになったのである。公文書も学校の教科書も活字で書かれる社会ができた。言語を核に据えると、運営しやすい社会ができた。

だが、実際の人間は、膨大な非言語情報に翻弄されながら、右往左往しているのである。恋も、政治も、経済も……。理詰めのような印象が強い経済においても、人間の心理という曖昧な要素を無視できなくなってきている。だから行動経済学が脚光を浴びるのだ。

勉強はできても疎んじられる人というのは、往々にして非言語情報を軽んじている。逆に学歴はないけれども対人能力に長けている人は、無意識に非言語情報の達人となっている。

だから生きていくうえでは、非言語情報に対して敏感であらねばならない。私が『人は見た目が9割』を書いた背景には、こういう考えがあった。それに対して「そんなの当然だ、わかりきっている」と言葉で言う人の多くは、実生活で非言語情報に鈍感だったりする。「わかりきっている」と言葉で言った瞬間に、現実に対する謙虚さを失ってしまうものだ。

「自然の理」を考えることも、同じ原理である。博奕を前にするとき、私たちは、認識力を広げざるをえなくなる。市民社会が作った論理の外に対して謙虚に臨むことになる。

そのことを突き詰めると、市民が、人間のどの部分を捨てて、便利・安全な社会を手に入れたのかを考えることにつながる。

丁半博奕の価値

たとえば、丁半博奕の基本である偶数・奇数の考え方などは、小学校の低学年で学ぶことである。ルールは簡単。ところが、そのためにいい大人が、財産を賭けて、知恵を絞るのである。最初は、単に楽して金を儲けたくて始めるのだ。だが、〝読み〟のいい人が勝つから、意地を張っているうちに、どんどん熱くなっていく。冷静さを失っていくといえばいいか。〝読み〟とは何か――。

「お前等若い奴は、丁半やチンチロリンみたいな単純なゲームを馬鹿にするが、一見単純なものほど綜合そのものなんだぞ」(『ばいにんぶるーす』)

丁半博奕で、インチキサイコロを使えば、壺振りは目を自由に出せる。壺振りは、子方の中の、誰が丁にいくら張り、誰が半にいくら張るかを予測し、胴元により多くの金が行くように、目を出すのが仕事になる。基本的には、子方だけの金のやり取りなのだが、双方がイーブンになるように、胴元がプレーに加わって調整する。

誰と誰が連携してプレーしているか。誰がいくら張ったとき、誰が勝負を避けたか。

出目に特定の傾向はないか。目線、表情、身体の揺れ……全身全霊を賭けて、お互いを読み合うのである。そして、裏切り合う。全存在を賭けて競う。

と、難しいことを書いたが、博奕をやれば、人間が全て出てしまうと理解すればよい。裁判（市民の理）などでは、「あなたは、あそこでこういったはずだ」などと、感情的な水かけ論が起きたりするが、博奕ではそういう光景もない。

出し抜かれた方が、愚かなだけである。

「自然の理」を考えることは、市民社会で思考停止に陥っている部分に思いを馳せるトレーニングでもある。

言葉を換えれば、総合的に物を見る癖を付ける、ともいえる。

以下、しばらく思いつく順に阿佐田の説いた「自然の理」を並べてみよう。

強きを助け、弱きをくじく

「自分の勘に意地を張るからいけねえんだよ。俺ァ悟ったぜ。博打は強い者を立てる遊びだ。強きを助け、弱きを挫くんだ」（『次郎長放浪記』）

賭場で、丁か半かと悩んだ挙句に負け、結局賭場は強いもの主体に運営されるということに気付いた主人公の台詞である。

「強きを助ける」とは、強いものに協力することではない。賭場全体の原則を認識し、強力な部分との戦いを避けるということである。

そして、主人公は弱い部分を攻めようと決意する。端的に言って、新参者が大勝ちすれば、賭場はやめさせてくれない。だから、最強の敵である、胴元と闘うのは最初から間違いということになる。

政治を見ていてもわかる。小派閥のリーダーは、チャンスが来るまで、大派閥には喧嘩を売るようなことは言わないものだ。国の建前は民主主義だから、自由に発言をしてもいいはず。だが、建前通りに言いたいことを言っていたら、政治家だって飯の喰いあげである。自然の理は、無視できない。

原則と第二原則がある

阿佐田は、ギャンブル場に入ったら、「原則」と「第二原則」の二つを分けて考えようといっている。どこまでが公平な「原則」で、どこからが不公平な「第二原則」かを吟味しなさい、と（『新麻雀放浪記』）。

原則はわかりやすい。博奕の世話役を奉仕の精神でやる人はいない。当然、利益があるからやる。だが、儲け過ぎると、客はよそに逃げる。ビジネスである以上、胴元も自由競争にさらされている。一見公平な「原則」ができる。この原則は、ルールと同義である。

しかし、客はこの原則を理解しただけでは勝てない。賭場は、公平に見えながら、世話役が有利なポイントを作らないと、成立しない。世話役側はどこかにもう一つ見えないルールを作る。これをトリックといってもいい。このトリックが「第二原則」である。私たち弱者は、第二原則の弱い部分を探して、攻めなくては這いあがれない。前項の「強きを助け弱きを挫く」というのは第二原則を前提にした戦法なのだ。

大手証券会社が倒産したことがある。大口顧客を大事にし、小口投資家は「ゴミ」と呼んでカモ扱いしていたことが、後になって報じられた。

建前では「原則」をいうから、経営陣は「そんなことはあってはならない。我が社はそんなことはしていない」というはずである。

もちろん証券市場は博奕ではなく経済活動である。公平な「原則」で貫かれている。公平さに基づいて多くの投資家が参加する。だが、そこに人間が介在する以上、第二原則は存在すると考えるべきだ。小口投資家は「ゴミ」扱いされることを前提としたうえで、どう攻めるか、を考える必要があった。

第二原則というトリック

日本の競輪や競馬は、毎レース二五パーセントもテラ銭（ゲーム代）を取る。江戸時代のヤクザは、勝った方からのみ、勝ち金の五パーセントのテラ銭を取った。均《なら》せば二・五パーセントだから、今の十分の一。逆にいうと公営ギャンブルの二五パーセントというのは、相当あこぎな比率である。

欧米のカジノは、基本的に勝った方から五パーセントである。これは江戸時代のヤクザと同じレートである。妥当な数字というのは、民族や国境、時代を超えるものである。この程度は、運営費として必要な額である。

その点でいえば、カジノの原則は「公平」と考えてよい。だが、カジノにはさらに第二原則がある。「ゴミ」の客には教えないトリックがあるのだ。

たとえばカジノの豪華な雰囲気。これも実は第二原則、もしくはトリックだ。

カジノは内装にもお金をかけている。客は贅沢な気分になれる。見栄も張りたくなる。必然的に高い酒を飲む。酔えば、気持ちも大きくなるし、判断も狂いやすくなるものだが、慣れない飲み方をすれば余計である。

バニーガールは肌をたくさん露出し、男性客の目をひく仕組みになっている。勝負の最中に、鼻の下を長くしているようでは、勝ちは望めない。

カジノにもよるが、定期的にバンドが演奏をする。自分の好きな曲がかかれば、リズムに乗る。ここでもペースが崩れる。どんな曲がかかっても、リズムをとるベテラン・ディーラーはいない。客はその分不利だ。

「（筆者註・ブラック・ジャックでは）ディーラーは二人ずつコンビになっていますね。正副と居て、一方がツカなければすぐに投手交代してくる」（『新麻雀放浪記』）

ところが、客は、ツカなければ、一方的に熱くなって沈んでいくだけだ。ディーラーは二人いて、ツキの状態を、客観的に見られるから、そういう意味でも強い。

また、勝ち逃げしようとすると、美人のディーラーが「もう帰るの？　寂しいな……」なんて、思ってもいないことをいってきたりして、帰してくれない。

私はカジノを否定したいのではない。殆どの客にとって、カジノは遊びに行く場所であるし、楽しめる場所である。しかし、楽しめばその分だけ何かを失っているはずだ。何か――。それは金である。

店側と客は、公平に見えて公平ではない。これが第二原則である。

何をとって、何を捨てるか

さて、このような第二原則は市民常識では、アンフェアととらえられる。真面目な人は「許せない」と思うだろう。

市民オンブズマン、という人たちがいる。市民の視点で、行政の不正を監視する。まさに市民の良識を体現した人たちである。本当に重要な活動をしている方々も多いと皮肉抜きで思うのだが、この「不正」についての対し方も、市民の理と自然の理は異なる。

『麻雀放浪記』で、主人公の「坊や哲」が、おりんという男娼《オカマ》のグラ賽（イカサマ用のサイコロ）を見破るシーンがある。

市民感覚ならば、「不正」を正さなくてはならない。凡百の小説であれば、主人公が女の手を押さえて「イカサマだ」と摘発するところである。しかし、この小説ではそうはならない。ドサ健（最強の打ち手）は、坊や哲をこう諭す。

「だがお前、博打を打って生きるならよく考えなくちゃいけねえぜ。おりんのグラ賽なんか皆知ってるさ。自分だけが気がついて他が盲目なんてことは、この世にたんとは無え」

冷静に考えてみると、自分だけが気付いていることは殆どない。多くの人が既に気付いていて、その上で何事もないように進んでいることは多いのだ。

誰もが、坊や哲がおりんのグラ賽にハッと気付いた時に、不正を暴けば、気持がいいだろうと思う。快感が伴う。

しかしここで何か気持のいい経験をすれば、その分だけ何かを失う、という視点が必要なのだ。気を付けなくてはならない瞬間だ。

ドサ健だけでなく、他の人もおりんのグラ賽には気づいていた。

「奴（筆者註・おりん）は素性のいい客を連れてくる。その客が金をおとしてるうちは、あれでいいんだ。奴だってその限度を知ってるから、客引きに精を出すさ」（同前）

仮におりんが不正を働いて私腹を肥やしているだけの女ならば、とっくに追い出されていただろう。しかし彼女が連れてくる「素性のいい客」はその場の皆にとっての財産である。その客が落とす金以上を不正で得ようとは、おりんはしない。これが限度を知っているということだ。

博奕打ちは、社会正義よりも先に「提携」を考える。

市民にしても、生きることは何かを取って、何かを捨てることだが、博奕打ちは市民からはみ出して生きるから、「提携」の限度が広い。それがグラ賽を見逃すということである。

市民社会でも、一般に規模が小さくなるほど、切ない提携の限度が大きくなる。たとえば、大通りに派手な看板を出しているサラ金はブラックリストに載っている人を相手にしないが、スポーツ新聞に小さな広告を載せている貸金業は、その規模によって受け入れるブラックリストのランクが、細かく刻まれている。法律すれすれで生きている人は、一般に限度に敏感だ。

最近の世論は、官僚に厳しい。官僚は制度に守られていた分だけ、道徳的に麻痺しやすい体質があったのは事実である。〝やりすぎ〟にはお灸が据えられてしかるべきだろうとも思う。

ではここで「天下りは全部禁止だ」とするのが正しいか。ここが難しい。それは確かに正論であるし、快感かもしれない。イカサマを暴くのによく似ている。だからといって、簡単に禁止すれば万事丸く収まるだろうか。もともと天下りには、優秀な行政の専門家を関連団体で有効活用する狙いもあった。

市民社会の中にも、自然の理は息づいている。

本気といい加減は混じる

原則についてはこのくらいにして、別の法則に移る。バランスの問題である。

同じ競争でも、オリンピックと競馬は異なる。

オリンピックでは、そのレースのために選手は、パンパンに仕上げてくる。だが、競走馬は、一ヶ月に二回も三回も走ることがある。毎レースパンパンに仕上げたら、馬はパンクしてしまう。厩舎は調教のつもりでレースに出すこともある。

ファンは、パドックで馬の状態を見て投票することになる。仕上がっていても、馬が入れ込みすぎることがある。仕上がっていなくても、馬が勝手に走ることもある。騎手の腕にも左右される。

そういう事情もひっくるめて、ファンは予想するのである。

全ての馬が、全身全霊でそのレースに臨んでいるということはない。

オリンピックはロマンの世界だが、競馬は厩舎にとって〝職業〟なのである。今状態がいいからといって、一クラス上に上ったら勝てなくなりそうな馬は、現状で使い続ける作戦をとる。もちろん、それを八百長だという人はいない。

「野球でも、拳闘でも、いや、スポーツに限らず、社会全般、本気になっているときもあるし、いいかげんのときもある、それで自然だと思っていた」（『ぎゃんぶる百華』）

誰だって、本気といい加減は入り混じっている。できれば、毎日ベストコンディションで働きたいものだが、ときには、寝不足や疲れ気味のこともある。〝職業〟である以上、好不調の波があって当然である。それは競技者にも当てはまる。野球選手や、ボクサー、騎手、競輪選手、皆同じはずである。家庭に心配ごとを抱えて、競技に打ち込めない時もある。

日本の場合、競輪や競馬は公営である。不正がないように、毎レース役人が目を光らせている。市民の理で公正に運営されている。しかし、実際に働いている人は概ね、自然の理で生きている。

大事なことは、公正と八百長、本気といい加減、どちらとも思いこまない姿勢である。思いこむと思考停止に陥ってしまう。「信ずべし・信ずべからず」のスタンスを持っていると、不自然な動きに敏感になれる。

余談ながら居酒屋にはよく「備長炭使用」の看板がかかっている。夥しい数である。日本のどこを探せばそんなに多くの炭焼き小屋が見つかるのか。「備長炭」の定義も曖昧だが……。

バランスを崩す

ギャンブルだけのことではなく、人生一般に通じることだが、セルフ・コントロールは必要条件である。自分を可能な限り客観視し、周囲への配慮を怠ってはならない。その考えは、必要条件ではあるが、十分条件ではない。安定志向という落とし穴が待っていることがある。

「**大きく勝つには、大きくバランスを崩すことだ。その勇気がなかなか出ない。どうやって、大きくダイヴィングして、破滅の穴を飛びこえるか**」（『ヤバ市ヤバ町雀鬼伝』）

ホンダのように、何度も倒産の危機を脱した会社は、ダイヴィングのあとがうかがわれる。創業社長・本田宗一郎氏の〝読み〟の良さが、会社の遺伝子に組み込まれている感がある。

ユニクロの柳井正社長には、天性の読みの良さを感じる。柳井氏の著書を読むと、彼に博才があるのがよくわかる。柳井氏は、一度有能な若手に社長を譲り、会長に退いている。だが、後進の若い玉塚社長は安定志向だったようだ。

「ぼくは創業者なので、会社はそう簡単にはつぶれないと思っていて、一種の賭けのような意思決定もするが、経営を委任された玉塚君にしてみれば『会社を危険にさらしたくない』と考え、賭けを避けたとしても仕方がなかったのかもしれない。彼は彼なりに非常によくやってくれたと思うが、基本的なスタンスの違いは大きい」（柳井正『成功は一日で捨て去れ』）

結局、柳井氏は社長に復帰し、陣頭指揮を執っている。恐らく、結局、袂を分かった玉塚氏は、柳井氏の〝勝負勘〟を受け入れられなかったのではあるまいか。

私は、例えば柳井氏の次の言葉が信じられる。

「買っていただいた後に、売れる（売れた）要素を分析するのは容易だが、買う（買っていただく）前に、つまり商品を企画する段階で、売れる要素を予測するのは不可能なのである」（同前）

今の時代、ずば抜けた新技術でもない限り、新商品の発売が、賭けでないはずがない。同社が好調の理由を、後付けした論評を、経済雑誌でよく見かける。当事者が、売れるか売れないか、やってみなければわからない、綱渡りを日々繰り返している、といっているのに、である。

経済が右肩上がりの時なら、マーケティングをやり、その通りにやっていればよかった。だが、今は違う。客観的データは尊重しながらも、最後は野性の勘に賭けるより、他ないのである。

安定志向の人は、過去の成功体験（例）に頼り過ぎる傾向がある。バランスを崩すためには、たとえ九連敗したとしても、最後には大きな一勝で盛り返すという覚悟がいる。その覚悟は、自分の読みに自信がないと、持てないものではなかろうか。

若さと仕掛け

「お前はまだ若いんだから、わしと立場が逆だ。仕掛けていってちょうどいいんだ。つまり、勝つことばかり考えていればいい」（『ばいにんぶるーす』）

老人が若い男に吐く台詞だが、晩年の阿佐田の実感だと思われる。

稽古場で、若い役者から「何かダメ出しはありませんか？」と問われることがある。私は基本的に「大丈夫」と答える。ダメなところがあれば、私が先にダメ出しをしている。

若い役者は、演じる上で何か足りないものを感じているから、演出家に何かいって欲しいのである。何もいわれないと、不安になる。私が「大丈夫」といえば、それで元気になるタイプもいる。だから、「大丈夫」といってしまえばそれでよいともいえる。

だが、ちょっと頭を使う若い役者は、ベテラン役者に自分から何かを仕掛けるものだ。ベテランは、若いのがちょっと変化を付けてきたな、と自分も変化を付けて切り返す。掛け合いが、どんどん膨らんで、際立って面白い場面ができることがある。若い役者が仕掛けていって、化学反応が起こるのである。よい化学反応の場合は、演出家は笑っていればよい。役者は「あ・うんの呼吸」で、この方向でいいのだと察する。

だが、その仕掛けが悪循環を招くことがある。本人に悪意はないのだが、芝居全体をぶち壊しにしていることに気付いていない場合もある。そういう場合は、きつめにダメを出す。若い役者はしょげかえるが、それで潰れるようなら、そこまで止まりの役者なのである。

ということは、若い時は、仕掛けることだけを考えていればよい。まずいときには誰かがストップをかけてくれる。

一番いけないのは、何も仕掛けなくて、「可もなく不可もない」状態をつくることである。演出家から見れば、特に欠点もないのだから、ダメ出しをする必要もないのである。もちろん、何度一緒に舞台を創っても、そういう役者との縁は濃くならない。

若い時分はベテランに、こいつやるじゃないか、と思わせるぐらいでちょうどよい。

怠惰を求めて勤勉に行きつく

第2章で、半荘二回のうち一回トップを取ることをノルマにしている若者のことを話した。

ギャンブルで暮らすと、どうしても苛烈な生き方になる。本来、まっとうな勤めが嫌でそちらの道に進んだはずなのに、そうは問屋が卸さない。怠惰を求めて、勤勉に行きつくほかないのである。

『麻雀放浪記』にドサ健の日常が記してある。

「ガランとした室内に牌を出し、ひろい（積込み）の練習をはじめる。卓上に腕時計をおき、牌をかきまぜながらすばやく山を積む。秒という時間でこしらえるのである。

（中略）全部裏返しにしておいて、モウ牌だけで積む。〝ロッケン〟といって小指と親指の間に六枚の牌をはさむ。（中略）いちいち数えているようではおそくなるから、すっと六枚はさめるように、指にその感覚を教えこまねばならない。（中略）こうして、数時間、汗を流す。このトレーニングは、バイニンならば一日も欠かせない」

小説上の加工が施されているが、まるで一流のアスリートの訓練に近い。

「**我々は、この鍛錬によって、ひろいの腕に自信を植えつける。アッと驚くような大技は、こういう糞度胸がないと成功しないのである**」（同前）

勝負事は何につけ、自信がない方が負ける。阿佐田は、自信について語っている。その自信は鍛錬から生まれる。

『麻雀放浪記』の連載当初は、阿佐田は無名の作家だった。純文学で挫折中だったのである。自分に自信があったはずがない。挫折中に、前記のような自信に満ちた記述をすることは、相当格好の悪いことだと思う。まるで、少年漫画によく出てくる〝老師（昔そのジャンルで、一世を風靡したことがある老人）〟の台詞のようである。

私の仮説なのだが、彼は麻雀を通じて「こうだ」とわかっていたのではあるまいか。

成功するとはこういうことだ、ということが。そこが肝だ。

二律背反の世界

何かを得れば、応分の何かを失う。現実の世界は一筋縄ではいかない。

阿佐田は、これを「二律背反」と表すこともあった（一〇八ページ参照）。えっちらおっちら成功と失敗を繰り返し、何も変わらない世界を突っつきながら進むのが、文明であると私も思う。科学も社会制度も、現象としては発展しているが、「とことんの所ではやはり変わらない」のである。

『麻雀放浪記』で、女が博奕打ちを不幸だと思うシーンがある。男は答える。

「**不幸だっていったって、仕方がねえんだよ。**（中略）**不幸じゃない生き方ってのは、つまり安全な生き方って奴があるだけだな。安全に生きるために、他のことをみんな犠牲にするんだ**」

市民社会は、基本的に、安全・簡単・便利を求める。それを推し進めれば進めるほど良い、と誰もが思ってしまう。特にマスコミにはその傾向が強い。それは彼らの扱うものが「情報」、それも言語情報に重きを置いているからである。

何でも表に出して言語化すればよいか。便利が一番か。そうではない。求めるとやはり失うものがある。

私の身近な話題でいえば、演劇とテレビの関係がわかりやすい。生で演劇を見るのとテレビで劇場中継を見るのとで、どちらが簡単、便利かは言うまでもない。

そもそもテレビはタダであるが、演劇のチケットは意外と高い。基本的に演劇は産業革命以前の生産スタイルなのである。毎回、役者が生で演じるから、大量生産ができない。だから、チケット代が安くならない。

テレビは電波を使って、受信機の数だけ〝大量生産〟ができる。コストダウンが図れる。しかしテレビで劇場中継を見ても、生の十分の一も感動できないだろう。

当たり前ではないか、と言うだろうか。しかしどうもそういう常識が通用しなくなってきているのではないか。安い物が持てはやされる。その安さはどこから来たか。外国の労働者を使ったからだ。その分、国内の失業者は増えるから消費は落ち込む。そうすると、自分の会社の商品が売れなくなってしまい、結果として給料は下がる。

何のことはない、安物買いの銭失いである。

何かプラスがあると、その分マイナスもある。この考え方を通してしまうと、ともすれば虚無的になってしまうかもしれない。何をやっても無駄じゃないか、というふうにも取れてしまうからである。

しかし、そうではない。私たちは彼の言う「二律背反」を絶対の行動指針とするのではなく、すぐに市民の理のみ、もしくは言語情報でのみ考えてしまう自らへの戒めとすべきなのである。

阿佐田自身、さまざまなマイナスを経験してきた。その出発点が焼け跡だったことはすでに九三ページでも少し触れた。

「焼け跡が、まだ眼の前に残っていた頃は、大昔の人が、雷や嵐をおそれたように、本当に物をおそれながら生きていたね」（『うらおもて人生録』）

この何もない状態からもがき考え抜いたことが、今の私たちに大きな示唆を与えてくれている。そのことこそが、虚無的になることの無意味さを示しているのではないか。

「（筆者註・焼け跡の時代は）誰にも指図されないで（指図するようなお節介は居なか

った）てんでに一人で、無い知恵をしぼって明日の食糧を確保したり、人をだまくらかしたりしてしのいでいく。（中略）男たちは皆、眼をらんらんとさせて生きてたなァ。一刻も油断ができない。そこに充実感があった」（『ばれてもともと』所収「男らしい男がいた」）

食うためには大変だったが、当今のような自殺は少なかったのではあるまいか。生きるだけで精一杯の状態が、野生動物のもともとの姿だともいえる。

そんな時代に育まれた世界観で、勝負師を描いたから、阿佐田作品は男向けの読み物になっていった。

「大体、テレビでも映画でも、小説でも、ほとんどは女子供向きに作られているんですから。男向きの読物もあっていいでしょう」（『競馬狂想曲』）

現代のテレビドラマは女性の視聴率がものをいうから、どうやって女性をテレビの前に座らせるかが勝負になる。テレビだけではなく、小説、映画、芝居、歌……、全て女性の心をどうやって捕まえるかに腐心されている。

女性に支持されないものは、当今は市場に出回らない。流行を作るには女性の支持が必須だというのはマーケティングの世界では常識のように語られることである。そうしておけば男は引きずられる。

ギャンブル小説やギャンブル漫画なども、たまに当たったりするが、通常は女性に人気がないから、小商いばかりで、四苦八苦している。自分でやっているから、その事情はよくわかる。

市民社会というのは、雇用など表面的には男尊女卑のようだが、市場原理は実質的に女尊男卑なのである。そのような社会で、「男向け」の小説を書き続けたのは、時代錯誤的だったという言い方もできる。

丸谷才一氏は弔辞で次のように述べている。

「あなたの世界は浪曼主義的だつた。浪曼主義文学が決定的に亡んでしまつたあとで、たつた一人でその城にたてこもつてゐるやうな趣だつた。ついでに言つて置けば、あなたの浪曼主義は全部自家製で、そのため、遠い昔の西洋の詩人たちのそれのやうに、何かザラザラした手ざはりがありました。地肌がなめらかでなかつた」（『別冊・話の特集 色川武大・阿佐田哲也の特集』）

阿佐田の文学について触れた文章の中で私が一番好きなのは、この弔辞である。

第6章　「運の達人」たちに学ぶ

運のエキスパート

阿佐田哲也の運に関する考えを中心に、これまで話してきた。

この章では他の人が、運をどんな風にとらえてきたか、話してみたい。

松下幸之助氏は、運のいい人を登用したことで知られる。本田宗一郎氏は「人生そのものがバクチ」だと言っている。両氏とも、成功と失敗を幾たびも繰り返してきて、成功したケースは運に後押しされてのものだ、という実感があったのだろう。

本田氏は、技術屋だったが、どんな技術も運の追い風がないと世に受け入れられないから、その〝チャンス〟を虎視眈々と狙え、と言いたかったのである。とりわけ、ホンダは、何度も会社倒産の危機に瀕しているから、「運に助けられた」という実感は強いだろう。

もちろん、両氏とも誰より、努力の尊さを説いた方として知られる。だが、努力だけでは、説明のつかない状態を、運と呼んでいるのである。運としか呼びようのない状態を、何回か経験したから、その言葉が使われた。全て合理的に説明がつくなら、両氏とも基本的に合理主義者だから、運という誤解を招くような言葉は使わなかったはずだ。

私は、運、あるいは勝負に関する本を、既に五、六冊書いていて、私の考えをないものとして、阿佐田の考え方を解説するというのも、少し無理がある気がする。

ここで時間を借りて、自分の考えをかいつまんで話すことにする。

私の見立てで、是非話しておきたい運のエキスパートは、日本では次の三人である。

吉田兼好、山本五十六、三原脩――。

言うまでもなく吉田兼好は『徒然草』の著者、山本五十六は、太平洋戦争開戦時の連合艦隊司令長官。若い人はご存知ないだろうが、三原脩は、巨人・西鉄（現西武）・大洋（現横浜）などの監督をつとめた名将である。

もちろん、書物に現れてこない人物で、もっとすごい人はいるはずである。仮に現在、市井に本当にすごい人がいるとして、その人物が、テレビに出たり本を書いたり、という野暮をするはずがないのである。

山本五十六の運

最も説明しやすい人物は、山本五十六である。実際に、博奕が好きだったらしく、阿川弘之著『山本五十六』には、博奕打ちとしてのエピソードが多く描かれている。以下、この名作をもとに話を進めてみる。

山本の部下・高木惣吉（終戦時の少将）は、こう言っている。

「このぐらい賭けごと、勝負ごとの好きな人も珍しかった（中略）将棋、囲碁、麻雀、玉突き、トランプ、ルーレット等々なんでもござれ」

とにかく、強かったらしい。勝つから好きになる。やりたくなる。天性の強さがなくては、こういう態度にはなれない。山本は「海軍やめたら、モナコへ行って博打うちになる」といっていたらしい。山本の勘の良さは周囲の誰もが認めざるを得ない。山本自身も駐米武官を何年も経験しているから、海軍の中でもとりわけ合理的精神を身に付けていた。

同様に合理的精神を身に付けた秀才連中が、山本の博才には脱帽してしまった。実際に結果を出してすごいから、秀才たちも認めていく。理屈ではない。ちゃんと結果を出し続けているから、評価が出てくるのだ。

山本の場合、技術の入り込む余地のない種目にも自信があるから、運と呼ばざるを得ない。

彼は四十代の駐米武官時代、武官室の若手三人とボウリングに行く。山本は賭けようという。

「僕が負けたら君たち三人に金時計を一つずつ買ってやる。そのかわり君たちが負けたら、僕に金時計を買え」

このとき山本は、部下から金時計を巻き上げている。

大正初年、山本が大尉の時。標的艦を巡洋艦で撃ち沈める実験が行われた。僚友の堀悌吉は沈むといい、山本は沈まないといった。山本は三千円を賭けようという。当時の三千円は、家一軒が買える金額である。山本は賭けに負ける。だが、堀は金を受け取ろうとしない。結局、山本の負け金は、海軍兵学校のクラス会に寄付されることになった。山本は大佐になってからも、負け金を払い続けたらしい。

確かに、山本は賭けに負けたが、よほど自信があるからできるのである。

山本は一九四三年、終戦を待たずに、前線の兵士を激励に行く途中で戦死する。

「死ぬ気で、——少なくとも死んでもいいという気持で出て行かれたと思いますね。陸軍で言えば敵の歩兵の鉄砲玉がポンポン飛んで来るようなところへ、わざと出て行ったんですから」

と部下の近藤泰一郎氏が語っている。

確かに、軍人として死ぬ覚悟は常にあったろう。だが、山本は、自分が死ぬとは微塵も考えなかったから、こういう行動がとれたのである。自分の運に絶対の自信があるから、不運の事態が頭をよぎらない。

生まれつき勘がよくて、運を持っている人はこういう行動がとれる。

不運な事態が頭をよぎる人は、米国が攻めてきたら、と万が一を考えて大本営を長野の山奥に移そうと考える。

山本が戦死したのは、読みが外れたからだが、そういうことはどんなに読みのいい人間にも起こることで、仕方がない。

戦争とツキ

異論を覚悟でいえば、戦争は、やってみなければ結果はわからない。どうしても博奕的な要素が強くなる（だから博奕をせよというのではないし、太平洋戦争はやる前から長期戦になれば負けるという結果はわかっていたのだろうとも思う）。

戦前の日本海軍は、とりわけツキを大事にしていたと思われる。

日露戦争開戦直前に、東郷平八郎が舞鶴鎮守府の司令長官から連合艦隊司令長官に任ぜられている。本来は常備艦隊司令長官・日高壮之丞が務めるのが自然な流れだったのだが、日高が健康上の不安を抱えていたらしい。

東郷の登用について、適材適所を重んじる海軍大臣・山本権兵衛は「運のよさ」を重視したと思われる。もちろん東郷は英国への留学経験もある秀才である。しかし、武人らしい武人で、彼の強運は海軍では知られていた。

この判断だけを見れば、「明治政府は合理的精神を持っていないのだ」と考える人がいるかもしれない。

東郷の登用については、薩摩閥の意見が強かったためだ、と批判する人もいる。だが、当時の日本がロシアと戦争をすること自体、大博奕だったのである。確実に勝てる目算などあるはずもない。負ければ国が滅ぶのである。

陸軍なら、いくつもの師団があり、それぞれに師団長・参謀がいて、リスクが分散される。だが、海軍は連合艦隊司令長官が全責任を負う。海軍もいくつかの部隊には分かれていたが、ロシアとぶつかるためには一枚岩で行くほかない。

ロシアと戦争をするにあたり、陸軍が奮戦したところで、海軍が負ければ勝ち目はない。もちろん、陸軍が負ければ、海軍の勝ちに意味はない。どっちが負けても、「負け」という状態だった。

連合艦隊がバルチック艦隊に負ければ、国が滅ぶという前提条件が先ずある。諸説あるが、戦力的には向こうが上というのが、大方の意見である。

誰を海軍のトップに据えるか――。国の命運を決める人物である。当時の政府首脳も、今の政府首脳程度には（いやそれ以上に）、合理的精神を身に付けていた。欧米で学んできた秀才中の秀才たちが、中枢にいたのである。

山本権兵衛は、連合艦隊司令長官の任命にあたり、誰もが納得する根拠を示さなくてはならない。考えに考え抜いて、「東郷の運」を最も合理的な根拠とした（それ以外に決定的な要素は見当たらない）。周囲も、「東郷の運」ということで納得し、国の命運をそこに任せようということになったに違いない。

当時の戦争は博奕的要素が強い。博奕である以上、トップに博才のある人物を据えようとするのは、合理的精神であるとも考えられるのではないか。

逃げるも勝ち

米国との戦争を始めるにあたり、秀才居並ぶ海軍士官の中で、とりわけ強運の山本五十六がトップにいたというのは、偶然ではないだろう。

前出の高木は、山本の訃報を聞いて、こう感じたという。

「山本さんのあと聯合艦隊の指揮のとれる人は、山口（多聞）さんか小沢（治三郎）さんしかいないが、山口さんは先にミッドウェーで亡くなったし、海軍の機構は今もって年功序列の金しばりで、これはもうおしまいだ」

海軍士官はたくさんいたが、山本の替えはいなかった。勉強のできる人はいても、博奕の強い人、すなわち不確定要素の大きな事象を前にして、腹の据わっている人はいなかったのである。

山本に関して、私が本当に博奕が強かったと思ったのは、実は「勝った」というエピソードではない。逃げたというエピソードである。部下の法華津孝太と将棋を指した。法華津は将棋が強く、山本は連敗した。「勝機なし」とみた山本は、その後法華津との将棋をやめてしまった。勝てない相手とはやらないのだ。

博奕打ちにとって、これは大事な姿勢である。「負け慣れ」が一番いけない。山本は、ちゃんとそこを避けている。

勘の良さは才能のひとつ

私は、勘やツキを、単純に非科学的なものだとも考えていない。

私たちは、子供の頃から、偶然に左右される遊びを、それこそ膨大に繰り返してきた。ジャンケン、双六、メンコ、当てくじ……。

子供の頃は自分の〝勘〟だけを頼りに闘った。誰しもが、〝読み〟や〝虫の知らせ〟を感じ、そこに賭けてきたのである。

その中で、自分の勘に自信のある人間と、自信のなくなる人間が出てくる。結果が付いてくる人間と、結果が伴わない人間である。

何故、結果がよい人間と悪い人間がいるのか――。たとえば、苦労しなくても掛け算の九九を容易に覚えられる子がいる一方で、いくら頑張ってもなかなか覚えられない子供がいる。必死に英語を勉強してまったくものにならない人もいれば、あっと言う間に三ヶ国語ほどマスターしてしまう人もいる。

私には、勘の良し悪しもそういう違いと同様に見える。つまり、脳の秀でている部分の違いに過ぎない、と。もちろん、相手の微妙な表情の変化など非言語情報から真実を導き出す力なども含まれてはいる。

私は、演劇、漫画（出版）、テレビと〝博奕的要素〟の強い世界に長くいる。それぞれの分野を観察してみると、企画を考える人には二種類いることがわかる。

自分の〝勘〟〝読み〟を信じている人と、マーケティングに頼る人である。

前者は、自分の勘を頼りに、企画を出して、それで結果が出せている人である。このタイプは、他の人が絶対に釣り糸を垂らさない漁場で、たまに〝鯛〟を釣り上げる。自分の勘に自信があるから、マーケティングをチェックはしても、その結果に頼ったりはしない。

勘のいい人も、下降運が来て、自分の企画が外れ続け、自信がなくなると、段々マーケティングを重視するようになる。誰もが目を付けている漁場に、人より大きな網を投げる。鰺や鰯を人よりたくさん獲るという作戦である。テレビ番組なら、より有名なタレント・文化人を使って、誰もが親しみを持てそうなクイズ形式でバラエティを作ることになる。それも一つの戦術である。

勘は磨かないと停滞する

子供の頃、読みが良くて、博才に自信のある友人がいた。私の一歳下である。ところが五十代を超えて、彼は自分の読みに自信がなくなってしまった。理由は、外れ続けるからである。

彼は、博才もあったが学力も高かった。家庭がしっかりしていて学習環境もよく、付属校から偏差値の高い大学に進み、理系の秀才が集まる大企業で働いた。経済が右肩上がりの時代に二十代、三十代前半を過ごした。マーケティングをやって、その通りやっていれば、利益がぐんぐん上がった時代だった。

その頃、彼個人には、〝読み〟も〝勘〟も必要なかった。その過程で、彼の脳の博才を司る部分は、停滞していったのではあるまいか。そんな気がする。

秀才にして大企業に勤めた人の特徴だが、「市民の理」を尊重し、倫理感の強い生き方を維持しようとする。それが〝勝ち組〟の方程式だった。

しかし、今では、そこがネックになっているように思える。成功者の最大の欠点は、自分の成功法則を捨てられないことである。

混沌とした今の時代にマーケティングをやれば、景気の悪化に比例して、自分も沈んでいく。当然、自信はなくなる。そんな悪循環である。

私から見ると、彼は〝目が曇った〟のだな、と感じる。考え方が硬直化して見える。

もちろん、たまたま下降運に入っただけなのだ、と考えてもよいが。

私の周囲にいる、ギャンブル、釣り、アウトドアなどの愛好家は、景気が悪い割に元気である。趣味の中で「自然の理」が身体に染みついている。趣味主体の生き方になっているため、そもそも出世コースから外れていたともいえるが、それだけではない気がする。

名将のツキ

三原脩監督ほど、ツキのことをたくさん語ったスポーツマンは他にいない。

彼は、パ・リーグのお荷物だった西鉄（現西武）やセ・リーグで万年最下位を続けていた大洋（現横浜）を強くした監督である。本人はそう呼ばれることを好まなかったが、彼の作戦は三原魔術と呼ばれた。

監督としての生涯勝ち星は鶴岡一人監督に劣る。しかし、鶴岡は南海（現ソフトバンク）黄金期の監督である。強いチームで指揮を執って、勝ち星を重ねたのである。三原監督は、弱いチームを率いて勝った。鶴岡監督とは条件が違う。

彼は、太平洋戦争で生還者の少ないことで知られるインパール作戦の生き残りである。前と後ろ、どちらに行けば生き残れるか、誰にもわからない。この状態で、上官から「自動車の運転のできるものはおらんか」と問われ、運転はできなかったが、三原は手を挙げた。結果、彼は生き延びた。

戦争で生き延びた人から、この手の話をよく聞くが、彼の場合は「後付け」でない根拠を感じる。

「人間の哲学には、勝者と敗者のそれがあるように思われる。それは積極果断と優柔不断の哲学であるかもしれない。人の生き方を説明するのに、どちらか一方だけなら十分とはいえまい。両方をつき合わせて初めて理を尽くせる。そのつき合わせの瞬間、ピカッと光るものがある。それがひらめきである。それをとらえたらすぐ行動に移す。運を呼ぶとは、こういうことではなかろうか。理屈にはない本能的判断」（三原脩『風雲の軌跡』)

三原監督は、積極果断と優柔不断の両方を睨んでいるから信じられる。

著書や、その他の証言から、彼が合理的精神の持ち主であることはわかる。彼は日本のプロ野球に心理戦を最初に持ち込んだ人物である。

そこから心理戦を学んだのが、仰木彬監督や野村克也監督である。お二人とも心理戦の名人であり、日本を代表する名監督だ。少なくとも、私はそう考えている。

仰木監督は、三原時代の西鉄黄金期の二塁手。野村氏は、そのライバル球団・南海の中心選手だった。両監督とも合理的精神に富んでいる。彼らを、非科学的な人だと考える人は少ないだろう。

彼らがお手本とする三原監督はこういう。

「例えば、ツイていない四番打者なら、堂々勝負してもいい。ツイている八番打者なら敬遠して、勝負を先に延ばすべきである。なぜかというと、ツイている選手は、カンが鋭くとぎすまされている」(同前)

この考えを、非科学的という野球ファンはいないはずである。有名な話だが、三原は一試合で三本ヒットを打った選手を、今日の運を使い切ったという理由で、四打席目に引っ込めたという。これだけだと、オカルトであるし、非合理的なだけである。しかし、おそらく「運を使い切った」は方便だ。

打者に闘争心が旺盛で、四本目もヒットを狙いに行く選手なら引っ込めなかったはずである。三本打って、今日一日分は働いたという安心感を、その打者から感じたから引っ込めたのである。これが勘である。一つの仕事に打ち込めば勘は磨かれる。

どんな競技でも、監督は、選手のツキを測るプロでなければならない。AとB、どちらを代打に起用するか――。結果はやってみなければわからない。勝負は一回限りだから、同じ局面を他の選手で検証することも叶わない。結果を出す人と、出さない人の二種類がいるだけで、それしか判断材料がない。

三原監督の次の考えは、日本の野球を日本人好みに深めていった。

「野球は科学的スポーツだ、という。とんでもない話である。科学的というのは、タイムとかメジャーで測定できるものが勝負の基準になる種類のもののことである。(中略)野球は数字から勝利を算出することはできない。そこに運とかツキが、濃厚につきまとうからである。いかに数字的に優れていても、敗れることがある。運の要素が強いから、心理的に相手をじらしたり、タイミング次第では弱者も強者を倒し得るのだ。それは相撲に似ている。仕切りのなかでの心理戦争、そのかけひきが白星のバネとなるように。

この勝負の機微が面白い」(同前)

三原監督は、誰からも教わることなくこんな戦術を考えた。昭和三十年代のことである。勝負の機微を「面白い」と感じられるのは、生まれつき読みがよかったからである。読みの悪い人が弱小球団の監督を任されれば「辛い」と感じるはずである。

兼好法師の断言

ここで吉田兼好が登場することに違和感を持つ読者も多いだろう。世間から離れた隠者と博奕の話は結びつかないのではないか、と。

確かに吉田兼好は、『徒然草』で運については一ヶ所でしか語っていない。

「『博打の負けきはまりて、残りなくうち入れむとせんに相ひてはうつべからず。たちかへり続けて勝つべき時のいたれると知るべし。その時を知るをよき博打といふなり』

と或者申しき」
下降運のときには、ずぶずぶに熱くなってはならない。逆に、上昇運に転じたならば攻めよ。潮目の変化を間違えてはならない、といっている。兼好は、運という言葉を使っていないが、意味は同じである。阿佐田と同じことをいっている。兼好は「ある者が申した」と他人がいっていることにしているが、そのことに関しては後ほど。

それ以外にも、勝負ごとに関して、含蓄があるので、ツキにも敏感だったと思うのである。とはいえ、門外漢が我流の読み方をしているだけなので、国文学の専門家には無視していただきたいほどのことである。

兼好に注目するようになったのは、『徒然草』の次の一節が気になったからである。
「双六の上手といひし人に、その手立を問ひ侍りしかば、『勝たんと打つべからず。負けじと打つべきなり』」

双六の強者が、「勝とうと思ってはいけない。負けにくい作戦をとりなさい」といっているのである。この場合、双六は現在の碁のようなものだったという説もある。いずれにしろ、実力だけで勝負がつかない種目だと思われる。

自分の力が確実に上なら、素直に「勝とう」と考えて打てばよい。「負けにくい作戦」をとって「負けを一手でも遅らせよう」としなさい、というのは何故か——。それは、自分より力の劣っている人へのアドバイスだからである。

では、兼好は強い人と打って、負けて、そのアドバイスを貫ったのか——。

そうではなく、もともと兼好には勝負強さがあったのではないかと思うのである。そう感じる理由は、思い切りの良い書き方、断言っぷりにある。例えば、有名な次の一節——。

「花はさかりに、月はくまなきをのみ見るものかは。雨に向かひて月を恋ひ、たれこめて春の行くへも知らぬも、なほあはれに情け深し」

現代語訳は次の通り——。

「花は満開を、月は曇りのない状態だけを見るというものではない。雨に向かって月を恋しく思い、簾を下ろして春の行方を知らないというのも趣が深いというものだ」

世間の常識とは真反対のことを毅然といい切っている。文章の思い切りのよさ——。兼好は自信に満ちている。ここが勝負事には滅法強かったのではないか、と思う所以《ゆえん》である。

恐らく、「双六の上手といひし人」がいったということにして、実は自分の意見を記しているのだろうと考えたのである。そのつもりで、『徒然草』を読んでみると、高校時代に国語の先生に習った世界と様相が違って見える。「もののあはれ」や「無常」を記した書物だということになっており、確かにそういう側面もあるが、兼好の「勝負事はこういう風にやろうぜ」というエールも聞こえてくるのである。実際、勝負事に勝つコツが、たくさん出てくる。

兼好の一般的なイメージは、次のようなものではなかろうか。彼は、学業はできたが、家柄がそれほどでもなかったので出世が果たせず、三十代で出家するも、仏道修行ものにならず、加えて和歌の道も自分の理想にはほど遠く、諦念の中で、空しく『徒然草』を書いた――。ところが、私のイメージでは、兼好は、山本五十六、三原脩、本田宗一郎……。ここらあたりの、踏み込みのいい人たちと同列の人物に見えるのである。

というのも、会社員として一生を送り、どの部署でもものにならなかった人が自叙伝を書いたとき、「勝負事はこうやって勝つものだ」と何度もいうだろうか。たとえ、人がいったという但し書きを付けても、である。

社会的な栄達はなかったろうが、人に一目も二目も置かれる人物だったような気がしてならないのだ。

「必ず果たし遂げんと思はん事は、機嫌を言ふべからず。とかくのもよひなく、足を踏み止むまじきなり」

何かを成し遂げようと思ったら、時期をあれこれいうべきではない。準備もせずに、躊躇するようなことでは駄目だ、といっている。兼好がいう時期は「上昇運・下降運」のことではなく、占いの「吉日かどうか」という程度の意味だと思う。

このように、兼好は勇ましく、なおかつ格好いい。もちろん、一方では無駄な勝負は避けよともいう。

「おのが分を知りて、及ばざる時は、速やかに止むを智といふべし」

自分の分を知ったうえで、駄目だと思えばすぐに止める。それが知恵である。先ほど紹介した山本五十六の逃げ方に通じるものがある。実に合理的精神に満ちている。こういう感覚も、勝負慣れしていないと出てこない。さらに――。

「碁を打つ人、一手もいたづらにせず、人に先だちて、小を捨て大につくが如し」

麻雀に例えるなら、無駄な打牌をやめよう。場を人より早く読み、大局から誤らないようにしよう、といっている。

四書五経や仏典を読んで、以上の考えに至ったとは考えにくい。たとえば、孫子の兵法などはもっと大味である。兼好の言葉には実感がこもっている。

兼好は、「達人の人を見る眼は、少しも誤るところあるべからず」という。もし、周囲が兼好に一目置いていなければ、空疎でリアリティのない主張になる。ただ、和歌や学問が人並み以上にできた人というレベルではない。〝たたき上げ〟のすごさを感じるのである。

「明かならん人の、惑へるわれらを見んこと、掌の上の物を見んがごとし」と兼好がいったとき、周囲は彼の生きざまに説得されていったのではないか、と。何につけても、彼は読みがよかったのである。

兼好は博奕を戒めてもいる。

「『囲碁・双六好みて、あかしくらす人は、四重・五逆にもまされる悪事とぞ思ふ。』と、或る聖の申ししこと、耳にとどまりて、いみじくおぼえはべる」

博奕は中毒性があるから、はまってはならぬ、という意味であろう。相当強く禁じており、これも他人がいったことになっている。だが、博奕の弱い人が、わざわざこういうことを書くだろうか――。「酒は呑むもので、呑まれてはならぬ」というのは、酒の強い人のはずである。

その直前には、先述の「双六に負けない心得」を説いており、その考え方は「道を知れる教へ、身を修め国を保たん道も亦しかなり」ともいっている。学問だって、政治だって、博奕と同じ心得でよいのだ、と。何がしかの結果を出していない人の言葉とは、思えないのである。

『徒然草』は、諦め方も学べるが、一方では、勝ち方も学べる。勝負事の入門書として、よくできている。兼好が生きたのは鎌倉末期。戦乱の世だった。時代背景を考えると、こちらのニーズにも応えていたのではあるまいか。

未来予知か遊びか

　こういう理由で、私は博才を、人間の本質的な能力の一つだと考えている。未来予知能力に対するのと同等の敬意を払っている。

　フランスの哲学者、ロジェ・カイヨワは、博奕を遊びの一つと考えている。彼は、遊びを、競争、運、模擬、眩暈の四つに分けている。博奕は二番目の「運」に入る。カイヨワは運をこう考える。

「勤勉、忍耐、器用、資格を否定する。それは専門的能力、規則性、訓練を排除する」

(多田道太郎、塚崎幹夫訳『遊びと人間』講談社学術文庫)

　カイヨワは運の遊びを、アレアと命名している。ラテン語で「さいころ」の意味である。どんぶりにさいころを転がす。次にどんな目が出るかは、人間は考えようとしないものだ、という考えに立っている。

　フランス人らしい合理的な考えである。だから、「運の遊び」の堕落は、「迷信・占星術」などとしている。基本的に占いの領域は非科学的な精神の産物という考え方である。

もちろん、私も否定はしない。

私見だが、カイヨワは博奕に必死で勝とうとしたことがないのではないか、と考える。少なくとも、麻雀をやったことはなかった（当然だが）。

私もさすがに迷信や占星術に頼ることはないが、〝チクリ〟という感覚は大事にしている。

〝チクリ〟は、人間の持つ、精神の奥深い所にある〝野性の勘〟のようなものだと思う。

しかし、今の科学では、残念ながら〝チクリ〟と「迷信・占星術」を分けることができない。

終　章　世界は乱雑なまま肯定される

縁の不思議

この本を締めくくるにあたって、私がこういう本を書いた経緯をお話ししておきたい。阿佐田のことは、色んな場所で話してきたので、重複する部分もあるがお許し願いたい。

『週刊少年マガジン』で『哲也　雀聖と呼ばれた男』の連載が始まったのは、平成九（一九九七）年夏、私が四十歳を超えてからである。それまでは泣かず飛ばずの物書きだった。

『週刊少年マガジン』の編集者が、私を訪ねてくれたのが、九六年の秋だった。きっかけは、拙著『阿佐田哲也勝負語録』の文庫本を読んでくれたことである。九二年に出した同書が、その年の六月に文庫になっていた。売れ行きは、ボチボチのレベルだった。

私はそれまで、少年漫画の編集者とは付き合いがなかった。編集部で「勝負師伝説」という企画を始めるにあたり、最初に取り上げるギャンブラーが阿佐田哲也と決まったが、どうやって漫画化すればよいかわからない。書店に並んでいる、私の本を見て、「とにかくこの著者に会ってみよう」という気持ちだったという。同書は、比較的新興の出版社から出ており、企画が一年前でも、一年後でも、書店には並んでいなかったと思われる。測ったようなタイミングだったのである。

当初のプランは、三ヶ月程度の短期集中連載だった。人気が出て、七年半も続くとは、誰も思っていなかった。

私は、何故『阿佐田哲也勝負語録』を書いたのか――。実は生前、彼を見かけたのは立川談志氏の落語会で一度だけである。声をかけることはしなかった。「いつか自然な形で会うことになるだろう」と勝手に思っていたからだ。

というのも一九八〇年代、私は、有名無名、色んな芸人に、漫才やコントの台本をせっせと書いていた。その中で、マルセ太郎（故人）という、今となっては伝説のボードビリアンと付き合いがあった。私は彼をマルさんと呼んだ。今は名脇役となった石倉三郎氏とマルさんがコントをやったときにも、私はゴーストで台本を書いたりしている。マルさんが売れたのは、永六輔氏の後押しがあったからである。そして永氏が、マルさんと出会ったきっかけは、阿佐田がマルさんの芸をエッセイに書いたからだった。それを永氏が読んで、マルさんのライブを観に行ったのである。

そんな経緯があり、マルさんと私は、マルさんの店「人力車」で、阿佐田の話を随分したものだ。

自分では、近くにいたつもりだったので、阿佐田の死は無念だった。会おうと思えば何度も会えていたはずなのに、と。

永氏は、阿佐田が亡くなってすぐに「偲ぶ会」をやった。マルさんも中心メンバーだった。私は何かに使えるかと思い、阿佐田の葬儀の写真を永氏に送った。そんなこともあって、永氏は、私を自分のラジオ番組に呼んでくれたりした。

話は前後するが、実はその五年ぐらい前から私は阿佐田の小説群から、「いい言葉だな」と思えるものを、ノートに書き写すという作業を続けていた。それをどうするというあてもないままに。

この作業を始めた理由は永氏の著書、『芸人その世界』（文春文庫）だった。色んな役者の言葉を集めた芸談集成といってもいい本である。その本に触発された私は、真似ごとをしたかったのである。

阿佐田が他界した次の年、ある出版社の新人編集者に「ノートに書きためたものがある」と雑談で、口を滑らせた。

普通なら本にしようという話にはならない。売れるとは思えない。だが、編集者が新人だったため、勢いで企画にしてくれた。加えて編集長が博奕好きで、「博奕の本ならやろう」ということになった。

いくつもの偶然が重なり、本が出た。当時の編集長はその後いくつものベストセラーを出して、今は社長になっている。

そしてこの本が『週刊少年マガジン』の編集者の目にとまった。

出会いと偶然——。これもまた運という言葉で表わすほかないような気がする。

いくつもの偶然が重なって始まった『哲也　雀聖と呼ばれた男』は第三次麻雀ブーム

の牽引力の一つになった。

『哲也』連載中、『色川武大vs阿佐田哲也』（河出書房新社）に短い評論を書いたりもした。本の中だけだが、阿佐田とは恐ろしく長い付き合いになる。二十五年近くも、そのツキ理論を尊重して、私は生きていることになる。


阿佐田は六十歳で死んでいるのだが、化け物のような人だった。今の六十歳は、作家でも若々しい。阿佐田と殆ど同じころ、開高健氏が五十八歳で亡くなった。お二人の追悼本が数冊出て、そのうち一冊は黒田征太郎氏が装丁をやっていた。私は別件で黒田氏の事務所に出入りしていた。

黒田氏に「なぜ、かっこいい人は早く死ぬんでしょうね」と言ったら、彼はこう答えた。

「彼らは育ち盛りの時に戦争があって、食い物がよくなかった。そして、日本が戦災で何もかも失ったから、彼らは一から全部作らなくちゃならなかった。そのために、ものすごくエネルギーを使ったんだよ。だから——」

あれは戦死なのだ、と。

六十歳といえば早い気もするが、生を燃焼させている時間の総和が、今八十歳まで生きている人より少ないとはいえないだろう。

ツキはそんな風に考えられるものだ。

法則の外にいる人

これだけ永く阿佐田のことを考えていると、不思議なことが一回ぐらいは起こる。

何年前だったか、吉祥寺から川崎の自宅に向かってタクシーに乗ったときのことだ。運転手が私の仕事を聞いたので、麻雀漫画の原作を書いていると答えた。

彼が問わず語りに語ったこと。

「私は麻雀が好きなんです。でも、入れ込むたちなので、今は一切やりません。麻雀漫画も読みません。でもね、お客さん、昔不思議な奴がいたんです。タクシー仲間でした。そいつは、手積みで積んだ牌を全部覚えてしまうというんです。その能力を他の人にばれたら打ってくれなくなるから、秘密にしているんです。普段はその力は使いません。

勝負時にだけ、使って勝つんです」

私は、不思議な感覚にとらわれた。というのも、その頃『哲也』で、手積みの牌を全部覚えてしまう打ち手の話を連載中だったからである。こういうシンクロニシティがあるのだ、と。

タクシーの運転手が嘘を言っていたとは思えない。また、他の情報から『週刊少年マガジン』を読んでいるはずがないこともわかっていた。

阿佐田も長い間ギャンブル小説を書いていたから、不思議な経験をしているのだろう。

「何かを得るだけで何も失なわない極上のプロという奴が、一時代に何人かは居るものなのである。厳密にいうと、通常の人間性を失なっているといえなくもないが、すくなくとも経済的にも肉体的にもまるでキズがつかない。不思議きわまるが、そういう少数の者が居るのである」（『阿佐田哲也麻雀小説自選集』〈後記〉）

何かを得ると、応分の何かを失う、という絶対の律に当てはまらない人間と出会ってしまったのであろう。もちろん例外中の例外だとは思われるが。昭和五十（一九七五）年頃の文章である。『麻雀放浪記』がブレークした後あたり。

そういうときには、急に世界が広がったような感じになるものだ。私も漫画がヒットしたあとは、「すごい人がいる」と色々な人に引き合わされた。なかには一見、超能力に見えるような積み込み技を使う人もいた。私は超能力を信じる方ではないから、合理的な説明もできるが、修練でそれを身につけたのなら、それもすごい能力だと思ったりした。

恐らく、その頃、阿佐田もいろんな人間に引き合わされたのだろう。だからこそ、自らのツキの理論から外れた「不思議きわまる」存在にも出くわしたと思われる。

盛りが原因で衰える

阿佐田は、自分が焼け跡で育んだ世界観を死ぬまで変えなかった。

最後の長編『狂人日記』にもこんな一節がある。

「たとえば性格の問題にしても、自分でひょっと気づいて、或いは他人に指摘されて、直せるようなことは、たいしたことじゃないので、生まれついてしまってから直すということは本当にむずかしいことですな。ですから人間というものは、三代も四代も、もっと長い時間をかけて根本を造るつもりにならないといけないのでしょうね」

晩年の作品「血の貯金、運の貯金」（『ばれてもともと』所収）にもこんな文章が載っている。

「生まれて、育って、盛りを迎え、それが原因で、衰える」

二十代に鉄火場で身に付けた世界観のまま、作家として人生を全うしたのである。普通の人は、社会に出て、少しずつ見聞きを広めながら、自分なりの立ち位置を決め、フォームを拵えていく。自分流のフォームが、何となくできてくるのは四十代というところではあるまいか。

それと比べると頑固といえば頑固である。だが、成り行きを大事にしているから柔らかい。だからこそ極めて厳しい鉄火場で培われた人間観の根底には優しさがあった。

丸谷氏の弔辞を再び引く。

「一見なげやりでゐながら思ひが深く、人間をひどく粗末にあつかつてゐるやうに見えて実はそれが心の優しさの裏返しの表現である、あの複雑な感触が生れたのです。あなたの筆にかかると、世界は乱雑で汚れたまま一切が肯定される。男と女は軽薄で救ひやうがないまま、威厳にみちた存在になる」（『別冊・話の特集　色川武大・阿佐田哲也の特集』）
世界は乱雑で汚れたまま一切が肯定される――ここにも二律背反の思想が見える。

本能の持つ力

生涯を一つの世界観で生き抜いたといっても、やはり歳をとれば、その分色んな変化は出てくる。

たとえば、五〇ページで紹介した次の文章――。

「ツモった瞬間、いやだなあ、と思ったり、チクリ、と来たらその牌は絶対捨てません」（『Aクラス麻雀』）

この台詞は、本の中では若い男の実感として書かれているが、間違いなく阿佐田自身の肉声である。

『Aクラス麻雀』は、『麻雀の推理』を部分的に書き直して、昭和四十七（一九七二）年に再出版されたものである。だが、前記の文章は実は最初の『麻雀の推理』には出てこない。

阿佐田が三十代（雑誌連載時）の時に気付かなかったことが、四十三歳になったとき、大事なことに思えたといってよいだろう。その間に『麻雀放浪記』が大ヒットし、突然巨額の収入を得、交際範囲が飛躍的に広がり、自分が知らなかった世界を見聞きし、色んな価値観を受け入れないとやっていけなくなる。必然的に博奕に使うような、本能の部分は錆付いてくる。

若い時は、「チクリ」と感じた牌は本能的に切らないのである。自分の直感を信じていれば、それで勝てた。その感覚を持って当然だと思っていた。だから、三十代の時には、書く必要がなかった。

だが、四十三歳になってみた時、「チクリ」という感覚が弱くなってくる。「チクリ」がないとは言えないが、社会の垢が付いて、この世には色んな判断があることを知り、「チクリ」を見逃してしまうことがある。

だから、若い男の言葉として記したのである。

歳をとると麻雀の直感は衰える。人生上のツキは上がったが、直感の力は衰えてくることを実感したのだ。

若い頃は、自信を持ってこんな言葉を吐いている。

「人間の本能という奴は意外に奥の深い力を備えていることがわかる」（『Aクラス麻雀』）

この場合、本能という根源的な力を支えているのは若さである。

だが、ちょっと別の見方をすることもできそうだ。その後、不遇な文学青年としての阿佐田はつぶれなかったのである。自分の内なる声が、何か知らせたのではないか、とも思うのである。色んな文学の勉強会で、熱心な秀才たちと出会った。自分より、もっと評価されるはずの才能が、実を結ばずに文学から離れていく。

芝居や漫画をやっていても同じだが、浮き沈みの大きな世界に三十年以上いると、運命の不思議を感じることが多い。

「私自身の記憶によれば、グレるということはもっと精気がみなぎっているもののように思っていた。（中略）それはペース配分を考えないお先真暗式の精気の放出であったかもしれない」（『麻雀狂時代』）

若い頃は、何でもよいから、突っ走るぐらいでよい、と阿佐田は言いたかったのである、きっと。博奕ではあったが、自分はとにかく突っ走ったのだ、という手ごたえを感じていたのではあるまいか。
そのように生きてきて、人生が終わりに近づいてみたら、結局のところよくて「原点」なのかなあ、という気持ちもあったろう。だから七八ページで紹介したような台詞が、晩年の作品に出てくる。
「俺だって、いいとこ原点が目標じゃなかったさ。なんとか勝ちこもう、なんとか生き残ろうと思ってやってきたんだ」（『新麻雀放浪記』）
もちろん、諦念だけではない。若者向けの言葉には、ちゃんと希望がある。
「人は誰でも最高の生き方をするために生まれてくるんだよ。もちろん、最高の生き方といったって、ひとつじゃない。人それぞれによって内容はちがうだろう。それから、最高の愛、最高の仕事、最高の倫理、最高の遊び、最高の食物、なんにだって最高がある」（『うらおもて人生録』）
阿佐田は、売れない芸人やB級映画をこよなく愛した人でもある。そうしたものについて書いた文章には、多分にリップサービスの側面もあっただろうが、もともと世間の価値観にとらわれる生き方をしていないから、売れていないことをマイナスだと思わなかったのだろう。乱雑なまま一切を肯定、である。

最晩年の言葉――。

「**寿命が平均八十歳弱だとすると、女は、その八十年を生きるのが当然として、そのための規律を作る。男は、生きるのが当然とは考えない。攻撃に失敗して明日死ぬかもしれない。今日の生は運に助けられてのものだ。そのために今日をよりよく生きようと考える**」（『ばれてもともと』所収「男らしい男がいた」）

つまらない欲がなくて、澄み渡っている。

阿佐田は晩年、東京を引き払い、岩手県・一関に移住した。腰を落ち着けて、夏目漱石のようなものを書こうと考えたという。しかし、実際はしょっちゅう東京に出てきて、遊んでいたらしい。

逝ったのは、平成元（一九八九）年である。享年六十。

彼の考えをどう自分に引き付けて生かすか、どうやってフォームを拵えればいいのか、それを見つけることは難しい。

そのヒントになればと思い、つらつらと阿佐田の言葉を借りて書いてきたが、私もまだ青い。先はまだ長いということだ。

死ぬまで、いや死んだあとだって、勝負は終わらない。

一人一流――。

自分の戦術は、自分で考えるほかない。他人はフォームを作ってくれない。

すべての読者諸賢の武運長久を祈る――。

追記・本書を出版するにあたり、阿佐田哲也氏の未亡人である色川孝子さんにご諒解をいただいたことに深く感謝の意を表します。

参考文献

この本を読まれて、少しでも興味を持たれた方は、ぜひ阿佐田哲也氏、色川武大氏の作品に直接触れてみていただきたい。幸い、いまでも氏の作品は文庫本などで容易に入手できるものが数多くある。読者に多くの示唆を与えてくれるものと信じている。

参考文献に関しては、本文中に出典などを明記したものの他に、以下のものを挙げる。

田村栄太郎『やくざの生活』（雄山閣）、増川宏一『賭博（全三巻）』（法政大学出版局）、荒俣宏『ジンクス　ギャンブル篇』（角川文庫）、阿部昭『江戸のアウトロー』（講談社選書メチエ）

竹内一郎　1956（昭和31）年福岡県生まれ。劇作家・演出家・著述業。横浜国大卒。博士（比較社会文化、九大）。さいふうめい名義で『哲也　雀聖と呼ばれた男』の原案を担当。著書に『人は見た目が9割』など。

Ⓢ新潮新書

363

ツキの波《なみ》

著　者　竹内一郎《たけうちいちろう》

2010年4月20日　発行

発行者　佐藤隆信

発行所　株式会社新潮社

〒162-8711　東京都新宿区矢来町71番地
編集部(03)3266-5430　読者係(03)3266-5111
http://www.shinchosha.co.jp

印刷所　二光印刷株式会社

製本所　株式会社大進堂

ISBN978-4-10-610363-6　C0210

価格はカバーに表示してあります。